자비 명상

자비
명상

제프리 홉킨스 지음 ❁ 김충현 옮김

불교시대사

　자비는 불교의 가장 중요한 주제입니다. 부처님은 자비에 관해 직접 많은 가르침을 설하였고, 그 가르침을 받드는 여러 나라에서도 많은 연구 성과들이 있었습니다. 인도의 위대한 불교 학자이자 수행자인 찬드라키르티는 자비를 찬탄하는 다음과 같은 게송을 남겼습니다.

　　자비는 마치 씨앗과 같은 것입니다.
　　물을 주어 자비를 기른다면
　　잘 익은 과일을 맛볼 수 있습니다.
　　때문에 나는 자비에
　　가장 큰 찬탄과 존경심을 표합니다.

　불교 문헌에는 자비와 자비를 실천함으로써 이루는 덕, 자비를 우리 내부에서 일깨우는 방법과 증장시키는 길에 대한 찬탄을 내용으로 하는 저술들이 많습니다. 그러나 당신이 그러한 저술들을 얼마나 많이 읽었는지, 또 자비에 관해 얼마나 많은 생각을 했는지에 관계없이, 분명한 사실은 삶에서 자비를 베푸는 것은 결국 경험에 달려 있다는 것입니다. 왜냐하면 누구나 그러한 책들을 읽을 수 있고 홀로 그것에 관해 깊이 생각할 수도 있지만, 삶의 경험은 다른 사람들의 것으로 대신할 수 없기 때문입니다.

제프리 홉킨스는 탁월한 통역으로 오래도록 저를 도와온 각별한 친구입니다. 그는 학자로서도 많은 저술과 대학 강연을 통해 티베트 불교를 널리 알리는 데 큰 기여를 했습니다. 그는 티베트 불교에 관한 책을 쓰는 과정에서 현대의 위대한 티베트 스승들을 만나기도 했습니다. 무엇보다 그는 그가 배워 온 가르침에 따라 꾸준히 수행을 해 왔습니다.

이 책 《자비 명상》은 제프리가 지난 30여 년 동안 해온 수업과 토론회를 통해 그가 터득한 내용들을 담고 있습니다. 저는 독자들이 이 책이 가진 풍부한 경험에서 특별한 가치를 발견할 것이라고 믿습니다. 그 가치는 자기 자신을 위한 수행을 통해 이룬 깨달음의 빛이 다른 사람들의 영혼도 같은 경지로 끌어올릴 수 있다는 것입니다.

저는 다른 생명들을 향한 자비심과 친절함, 온화함이 모든 행복의 근원이라고 믿고 있습니다. 그렇기 때문에 저는 자비심을 기르려고 수행하는 모든 사람들이 보다 행복하고 평화로운 세계를 만드는 데 기여할 것이라고 확신합니다.

달라이 라마(Dalai Lama)

차 례

나는 로드 아일랜드의 배링턴에서 자랐다. 어린 시절 추억 가운데 가장 뚜렷한 것은 도로 옆 물길에 빠졌던 친구를 구하려고 달리던 자전거에서 뛰어내린 일이었다. 나는 무엇 때문에 위험을 무릅쓰고 달리는 자전거에서 뛰어내렸을까? 어떻게 그렇게 빠르게 반응할 수 있었을까?

성장하면서 나는 '허무한 삶' 과 '어른들의 거짓말' 에 반항하기 시작했고, 어린 범죄자가 되어 갔다. 어린 범죄자는 달리는 차창 밖으로 갑자기 몸을 쑥 내밀어 나이든 부인들을 위협하는 무례한 짓에서 쾌감을 느꼈다. 사람들은 나를 멀리하기 시작했고, 동네의 비난 대상이 되었다. 열다섯 살 무렵엔 술을 먹고 취하기 위해 모인 어정쩡한 패거리에 속했다. 술을 마시고 사람들에게 행패를 부렸으며, 닥치는 대로 물건을 부수기도 했다. 그 무렵 내 별명은 '미스터 구토'가 될 정도로 술을 마시고 토했다. 어느 날인가 두 번씩이나 난폭한 싸움에 끼어들었던 나는 바로 그 다음날 깨달았다. 내가 속한 패거리는 서로를 사귀기 위해 술을 마시는 모임도 아니었고, 우리가 우쭐댈수록 주변 사람들은 우리를 경멸했다. 우리는 왜 사회에 대한 불만을 폭력으로 표현했을까?

중학교 3학년이 끝나갈 무렵 공립학교가 주는 지루함이 공포스러울 지경이 됐고, 내가 진학해야 할 고등학교의 한 교사가 학생들을 마치 범죄자 대하듯 한다는 소문 때문에 전학을 결심했다. 전학을 위해 코네티컷에 있던 폼프레트 학교로 인터뷰를 하러 갔다. 그곳에서 나를 인간으로 대해 준 선생님을 만날 수 있었다. 매우 기쁜 일이었는데, 그 선생님은 학교 구석 구석을 안내하다가 장난스럽게 내 팔을 툭툭 건드렸다. 나도 그의 등을 툭 쳤는데, 그는 교사로서의 권위를 내세우기보다는 학생인 나와 장난치는 것을 좋아했다. 나는 공립학교에서의 생활을 지루해 하고 있었고, 심지어는 갇혀 있다고까지 생각했기 때문에 기꺼이 전학 서류에 서명했다.

폼프레트 고등학교 4년 동안 라틴어를 배웠다. 나와 잘 어울리던 친구들은 대부분 화학을 싫어했는데, 종종 술에 취한 듯한 선생님을 놀려대곤 했다. 그는 뚱뚱해서 돼지와 약간 비슷해 보였는데, 그가 등을 돌리고 돌아서면 우리는 꿀꿀거리는 소리를 내 그를 놀리는 것을 재미로 삼았다. 그러나 그가 버질(Virgil)의 아에네이드(Aeneid)*의 심리학을 어떻게 가르치는지를 보면서, 나는 저 깊은 곳에서부터 근본적으로 변해 갔다. 우리는 왜 그리도 불친절하고 버릇없이 굴었던가?

나는 학급에서 1등으로 졸업하면서, 부상으로 오비디우스**의 《변

---

* 고대 로마의 시인인 베르길리우스(Vergilius Maro)의 장편 서사시 《아이네이스(Aeneis)》의 영어식 표기이다. 아에네이드는 트로이의 영웅 아이네이스의 전설을 소재로 한 작품이다.
** 오비디우스는 기원전 1세기에 활동했던 고대 로마 시인이다. 법률과 수사학을 전공했다. 특히 시에 재질이 탁월해 그 스스로 "의회나 법정에서 연설문을 써도 말은 저절로 시가 되었다."고 술회했다. 그의 시작(詩作) 활동은 당시 유행하던 비가(悲歌)풍의 연애시 분야에

신이야기》를 받았다. 그리고 1958년 하버드 대학에 입학했다. 고교 시절 나는 레슬링 선수로 활약했다. 그 무렵 반목조르기라는 가장 간단하지만 누르는 힘이 강한 기술로 상대방에게 굴욕감을 안겨 주는 일을 몹시 즐거워했다. 그 놀이로 나는 '내가 충분히 다른 사람들을 정복했다'고 느꼈던 듯하다. 그러나 대학에 들어와서는 시합 중에 입은 부상으로 부러졌던 갈비뼈가 회복되는 동안 레슬링을 그만두었다. 더 이상 상대방을 힘으로 제압하는 일을 원하지 않았다. 내 마음 속에 어떤 변화가 시작되고 있었다.

하버드 대학 신입생 시절 소로*의 작품들에 감명받았다. 1학년이 끝나고 버몬트 숲에서 은둔하다시피 머물렀다. 오래도록 걸으면서 숲이 발하는 푸른빛의 힘으로 나쁜 꿈들로 일관했던 영혼을 일깨웠으며, 시를 썼다. 그리고 외로움을 채우는 방법을 찾았으며, 삶을 지배했던 분노를 해소하는 길을 발견했다. 겨울이 다가오면서 허만 멜빌의 《타이피 족(Typee)》과 서머셋 모옴의 《달과 육펜스》**에 자극

서 빛을 보기 시작했는데, 《사랑의 노래》 《헤로이데스》 《아르스 아마토리아》 《사랑의 기술》 등의 시집을 저술했다. 그 뒤 장편 서사시에 몰두해 써낸 《변신 이야기》 15권은 지금도 가장 빼어난 로마 신화로 평가받는다. 이 밖에도 로마에서 전승되던 이야기와 종교행사를 소재로 한 《제력(祭曆)》, 유배 생활의 비참함을 그려낸 《비탄의 노래》 《흑해소식》 등을 남겼다.

* 소로(Henry David Thoreau, 1817~1862) : 미국의 수필가이며 사상가. 자연 속에 잠겨 자연의 숭고한 계시를 받으라고 강조했으며, 일생 동안 이 말을 실천했다. 일정한 직업 없이 콩코드에 사는 초월주의자 R.W. 에머슨과 그 주변 사람들과 교류하며 매일의 관찰과 사색을 방대한 양의 일기로 남겼다. 저서로 《콩코드 강과 메리마크 강에서의 1주일》 《월든-숲속의 생활》 등이 있다.

** 허만 멜빌(Melville Herman, 1819~1891) : 미국의 소설가이자 시인으로 《백경》의 저자이다. 그는 20세에 상선의 선원이 되어 영국의 리버풀까지 항해했고, 다시 22세에 포경선의 선원이 되어 남태평양을 떠돌았다. 이때의 경험이 주로 작품의 소재가 되었는데, 1846년 포경선에서 탈출해 남태평양의 마르키즈 제도의 식인(食人) 마을에 살았던 경험을 그린 《타이피 족》을 발표하며 작가 활동을 시작했다. 대표작으로는 《백경》 《오무》 《마디》 등이 있다.

받은 나는 뉴욕에서 타히티 섬으로 가는 화물선에 올랐다.

타히티로 가는 배에 올라 파나마 제도를 통과한 후부터 굴뚝 옆에 자리한 조그마한 갑판에 누워서 열흘 동안 하늘을 바라보며 명상에 몰두했다. 참으로 평온한 대양의 거대한 푸르른 빛은 내 마음을 채웠다. 타히티에 도착해서 나와 같은 처지의 도망자들이 자기 자신에 대한 토론에 아무런 흥미를 갖고 있지 않다는 사실을 알고 깜짝 놀랐다. 그들은 오로지 맥주와 젊은 여자들을 원할 뿐이었다. 그리고 젊은 여자들은 부자와 잠을 자고 약간의 돈을 얻어 길거리 바에서 우리들 도망자에게 맥주를 샀다. 그 여자들은 우리의 무릎에 앉아 허무하게 시간을 보내고 있었다. 때때로 그 여자들은 결핵균이 가득한 가래침을 내뱉었다. 타히티 섬의 찬란하게 빛나는 풍광은 하루 종일 만화경을 들여다보는 듯한 느낌을 주었다. 그러나 프랑스 제국주의자들은 내가 비자를 갖고 있지 않다는 사실을 알았다. 결국 타히티를 떠날 수밖에 없었다. 타히티에서 보낸 시간은 내가 진정으로 원했던 바가 아니었다. 그렇다면 내가 바라던 것은 무엇인가?

1년 반 만에 대학으로 돌아온 나는 엄청나게 술을 마시기 시작했다. 어느 날은 오전 11시에 러시아 문학 수업이 있었는데, 얼마나 술에 취해 있었던지, 내 앞에 놓인 나무 의자를 똑바로 바라보려고 해도 자꾸 몸이 흔들렸던 기억도 있다. 어느 날 밤 한 친구가 알렌 긴즈버그*의 작품들을 읽기 위해 시간을 보내곤 하던 하버드 클럽에서

서머셋 모옴(Maugham William Somerset, 1874~1965) : 영국의 소설가 · 극작가로 《인간의 굴레》와 《달과 6펜스》 등 주옥 같은 작품을 남겼다. 특히 《달과 6펜스》는 화가인 폴 고갱의 전기에서 모티브를 얻어 쓴 작품이다.
* 알렌 긴즈버그 : 미국 현대시인. 비트 세대를 대표하며 히피들의 대부라고 불린다.

비트 세대 시인들의 시와 잘 어울리는 럼주 한 병을 주었다. 럼주 한 병을 다 비운 뒤에 매사추세츠 거리를 방황하다 거리의 진열장에 비친 내 얼굴을 발견했다. 나는 그곳을 향해 병을 깨버리려고 병을 휘둘렀지만, 뜻밖에도 정반대의 일이 일어났다. 병 대신 진열장이 산산조각나 버린 것이다. 방으로 돌아온 나는 얼굴이 침대에 파묻히는 느낌과 함께 잠이 들었다. 다음날 아침 체포될지도 모른다는 두려움이 나를 깨웠다. 그러나 그 두려움이 마음에 나타나기 시작했을 때 나는 《죄와 벌》에 나오는 라스콜리니코프의 흉내를 내며 허탈하게 웃었다. 그 순간 내 정신은 약간 맑아지기 시작했다. 이 구원의 순간은 어디에서 비롯됐는가?

1년 반 후 3학년과 4학년 사이 여름 방학에 퀘벡 지방의 북 하들레이에 있는 호숫가 오두막에서 6주 동안을 쉬었다. 그곳에 도착하기 위해 나는 카누를 저어 거친 물살을 3마일이나 헤치며 항해를 해야 했다. 처음 배를 젓기 시작했을 때 한 노인이 도착하지 못할 것이라고 경고했지만, 배의 균형을 잡기 위해 짐을 바닥에 놓고, 거의 직각으로 파도를 타기도 했다. 오두막에서 보낸 6주 동안 어디엔가 정착하려고 애썼던 마음을 떨칠 수 있었다. 오두막은 가파른 언덕 위에 있었기 때문에 처음으로 육체를 혹사해 걷기조차 힘든 체력의 고갈을 경험했다. 나는 매일 매일 그 험한 언덕을 올라 하늘을 바라보며 명상했고, 명상으로 얻은 경험은 더욱더 강렬해져 갔다.

호수를 떠난 나는 여름 방학 나머지 기간을 오클라호마 근처에 있는 강에서 지냈다. 그곳에서도 땅바닥에 누워 하늘을 바라보는 수행을 계속했다. 나는 종종 튜브에 몸을 싣고 강을 떠내려가곤 했다. 때때로 튜브를 잃어버리고 바위 위에서 움직이는 물을 그저 고요하게 바라보기도 했다. 내가 강이라고 생각했던 것은 끊임없이 변하고 있었고, 나 또는 누군가가 생각했던 대로 하나로 이뤄진 '강'은 없다는 사실을 알았다. 어린 시절 부엌 식탁 의자에 앉아 항상 변화하던 촛불을 바라보던 때와 같이 강물을 바라보는 일은 풍부한 체험을 할 수 있는 기회였다. 강의 중심을 응시하면서 어린 시절 바라보던 촛불과 같다는 사실을 떠올렸다. 촛불은 항상 노란 광채를 내며 가볍게 떨고 있었다. 어느 순간 불꽃은 거기에 그렇게 존재하는 것처럼 보였지만, 실제로는 불꽃이라고 부를 수 있는 어떤 것도 존재하지 않았다. 그 어린 시절의 인식(지각)은 내가 성인이 되어 하늘과 강물에 관한 명상을 하면서 실제로는 어떤 것도 존재하는 것은 없다는 사실을 깨달은 것과 같은 경험이었다. 우리를 이루고 있는 특성들은 마치 불꽃이나 강물과 같았다. 방금 전에 있었던 그것은 아무리 생각해 봐도 현재에는 있을 수 없다.

어느 날 강을 따라 내려가면서 한 노인이 강둑에 앉아 있는 것을 보았다. 그의 머리는 한 쪽으로 기울어져 있었기 때문에 나는 그가 죽었다고 생각했다. 갑자기 그 노인이 이 생에서 경험한 마지막 인식은 다음 생의 인식에는 아무런 영향을 주지 못한다는 사실을 깨달았다. 한 생에서 쌓인 지각은, 다음 생에서 보다 찬란하고 풍요로우며 심오한 또 다른 지각으로 이어지지 않는다. 그 노인은 모든 이들과 마찬가지로 이 생에서 저 생이라는 또 다른 방향을 향해 시선을 주고 있었을 뿐이며, 그것이 죽음이었다. 살면서 느끼는 경험들은 여행 가방에 담긴 짐과는 달랐다. 이 생에서 쌓은 경험으로는 다음

생을 향한 여행 가방을 채울 수 없다. 그러한 경험들은 어떤 모양으로 함께 가는 것이 아니다. 나는 그때까지 밖으로만 향했던 나의 행위(업)에 종지부를 찍고 나만의 경험들을 다시 채우기 시작했다. 내 의지를 내부에 있는 빛을 향해 돌렸다.

1962년 가을, 하버드 대학으로 돌아왔을 때 대학 건물은 마치 열린 관처럼 보였다. 내 삶은 관에서 이뤄진 것이었다. 오클라호마의 강둑에서 명상을 하며 깨달은 그 하늘을, 하버드로 돌아온 현재에는 전혀 가지고 오지 않았다. 그러나 내가 하버드로 돌아왔을 때, 또 다른 하늘이 거기 있다는 것을 발견했다. 내 의식 전체는 오직 하늘을 향해서만 열려 있었다.

나는 하버드 대학 레버렛 하우스 7층에 있는 혼자만의 방에서 마지막 1년을 보냈다. 그 방에는 북쪽으로 향한 창문이 있었는데 전망이 형편없었다. 그 쓸모없는 유리창을 오래된 합판으로 막았다. 합판은 나의 아버지가 관리하던 곳이었고, 내가 가끔 일했던 제재소의 화물차에서 떼 낸 것이었다. 합판으로 막은 창문에는 야생 거위들의 그림을 걸었다. 그리고 다른 쪽 벽면에 있던 조금 작은 창문들 위에는 블라인드를 설치했다. 작은 창문들은 유리가 아니라 올이 굵은 삼베 천으로 돼 있었는데, 약간은 열 수 있었지만 빛은 전혀 들어오지 않았다. 방바닥에 깔린 타일들은 매우 지저분했다. 그래서 형이 일하던 농장에서 구해 온 올이 굵은 삼베 천을 여러 장 묶어서 깔개를 만들었다. 그리고 문 옆 벽의 갈라진 틈 역시 깔개와 같은 천으로 메웠다. 이제 방은 완벽하게 어두워서 명상을 할 수 있는 공간이 되었다. 완전한 암흑은 여러 가지로 무한한 하늘과 같았다.

나는 때때로 밤새 꼼짝도 하지 않은 채 침대에 누워 있었다. 그렇게 미동도 않고 누워 있으면서 부동의 자세가 주는 끔찍한 고통 너머로 온갖 종류의 빛과 환상들이 살아 움직이는 것을 경험했다. 어떤 날은 하루 종일 찰스 리버 강둑에서 하늘을 바라보며 명상에 빠져들곤 했다. 그러던 어느 날 하늘은 빛으로 된 수많은 점으로 가득했다. 저 높이 있어야 할 하늘은 내 머리 바로 위로 낮게 깔려 있었고, 수많은 빛의 점으로 온통 빛을 발하고 있었다.

　이처럼 하늘과 완전한 어둠에 관한 명상은 내 마음을 완전히 압도했고, 신경의 움직임을 최대한 억제하면서 무아지경에 빠져들 수도 있게 되었다. 어디에서든 앉기만 하면 즉시 모든 마음의 활동을 그치고 수면 상태로 들어갈 수 있는 능력이 개발됐다. 마음은 쉽게 환상을 만들어 냈고, 융*의 이론에 따라 스스로 이미지를 만들어 냈는데, 내가 상상한 대로 독수리가 방으로 날아들기도 했다. 그러나 이 명상은 전혀 도움이 되지 않았으며, 심지어 마음이 산란해지는 역효과를 내기도 했다. 이런 쓸모없는 상상으로 마음을 소모할 수는 없

---

* 융(Carl Gustav Jung) : 스위스의 정신과 의사이자 분석심리학의 창시자. 융의 이론을 짧게 정리하기는 어렵다. 그러나 아니엘라 야훼가 엮은 그의 자서전에 있는 구절을 인용하면 이때 제프리 홉킨스가 어떤 수행을 했는지 어렴풋하게나마 다가갈 수 있다. "나의 생애는 무의식의 자기 실현의 역사이다. 무의식에 있는 모든 것은 사건이 되고 외부 현상으로 나타나며, 인격 또한 그 무의식적인 여러 조건에 근거하여 발전하며 스스로를 전체로서 체험하게 된다."(《칼 융의 회상, 꿈 그리고 사상》 17쪽, 아니엘라 야훼 엮음, 이부영 번역, 1989, 집문당.) 제프리 홉킨스가 만들어 냈다고 하는 상상의 이미지(독수리)는 바로 자기 무의식이었다. 즉 제프리 홉킨스는 아무런 움직임도 없이 마음의 작용으로 만들어 낸 독수리(꿈)가 방안으로 들어온 체험을 한 것이다. 그러나 융이 무의식이라고 보았던 세계 역시 미세한 의식이 활동하는 세계이기 때문에 제프리 홉킨스는 자기의 의식이 부서지는 경험을 했다고 고백한 것이다. 결국 마음의 참모습을 찾는 그로서는 마음이 만들어 낸 또 하나의 가상의 이미지(꿈)를 통해 더욱더 혼란스러워진 것이다.

었다. 무언가 다른 것을 간절히 원했다.

내 모습을 보고 안타까워하던 절친한 친구가 뉴저지에 '미국 라마 불교 사원'이 있다는 소식을 듣고 함께 찾아보기를 권했다. 현재는 '티베트 불교 수행 센터'가 됐는데, 그곳에서 나는 게쉐 왕걀을 만났다. 그는 무려 35년 동안이나 티베트에서 수행했던 칼믹 몽골리안* 출신의 위대한 학자였다.

티베트 사원은 분홍색 건물로 뉴저지 주의 평원에 자리잡고 있었는데, 게쉐 왕걀이 사원 문을 열고 우리를 맞았을 때 나는 텅 빈 거실로만 이뤄진 사원의 내부를 보고 당황했다. 거실은 미국의 거실들과는 달리 아무 것도 없었다.

그날은 그와 그리 많은 시간을 보내지 않았고, 별다른 감명도 받지 못했다. 그러나 한 달 후쯤 두 번째 방문을 했는데, 내가 그에게 "공(空)은 무엇입니까?"라고 묻자 그는 놀리듯이 대답했다. "당신은 수냐타(śūnyatā)가 무엇인지 알고 있을 것입니다. 하버드 대학으로 돌아가십시오." 그의 대답은 나를 자극하지 못했다. 잠시 후 그는 내게 "당신은 지금 공에 대한 진지한 탐구를 할 수 있는 준비가 돼 있지 않습니다. 학교를 마치고 보스톤에서 일을 하기 위해 전철을 타고 출퇴근하면서 이 주제에 대해 생각할 수 있을 것입니다."라고

---

* 칼믹 몽골리안(Kalmyk Mongolian) : 칼믹은 러시아 남서부 지방에 자리한 불교국가이다. 카스피해 북쪽 연안 저지대에 자리한 국가로 동양 문화의 색채가 짙은 국가이다. 체첸을 비롯한 코카서스 민족으로 둘러싸여 있어 크고 작은 전투가 끊이지 않았다. 칼믹의 수도는 엘리스타, 언어는 몽골어 계에 속하는 오이라트어를 사용한다. 이들은 자신의 영적 고향이 티베트라고 믿기 때문에 엘리스타에는 티베트 사원이 자리하고 있다. 대부분은 유목생활을 한다. 17세기부터 러시아의 통치를 받아 강제로 전쟁에 동원되었다. 1943년에는 독일에 협력했다는 구실로 러시아 연방에 편입됐다가 1957년에 자치 공화국으로 복귀했다.

했다. 그리고 그는 어떻게 자비심과 이타심을 기르는지에 대해, 티베트 불교에서 수행하던 방편들을 가르쳐 주었다. 티베트 불교의 수행법은 '나 이외의 다른 생명, 사람'들을 위해 형성된 명상이었다. 그 수행은 모든 생명들을 위해 자비심을 베푸는 강렬한 느낌을 극한으로 끌어올리는 것에 바탕을 두고 있었다.

그는 평등심을 내는 수행법, 즉 모든 사람은 근본적으로 즐거움을 바라고 고통을 원하지 않는다는 사실을 깨닫는 수행법의 단계들에 대해 설명해 주었다. 그는 친구와 적들, 그리고 나와 아무런 이해 관계가 없는 사람들이 모두 행복을 원하고 고통을 바라지 않는 존재라는 점에서 완전히 동등하다고 일러주었다. 그리고 이들을 완전히 동등한 존재로 받아들이는 실천 수행법을 말해 주었다. 이러한 사실, 즉 누구나 행복을 원한다는 점에서 동등하다는 사실을 깨닫는 것은 자비심을 기르는 바탕이 되며, 한 발 더 나아가 모든 사람이 고통을 벗어나고, 고통의 원인에서 해방되기를 바라는 마음이 된다고 했다.

나는 대학에 돌아와 이 근본적인 수행에 몰두했다. 방에서 명상을 하면서 내가 알고 있는 누군가를 향해 일으켰던 마음을 돌이켜보았다. 그러자 바로 내 마음은 욕망과 증오, 질투심 등 분명한 감정들이었다는 사실을 알 수 있었다. 그것은 고통스러웠다. 나는 '이것이 바로 내 마음이며, 내 스스로를 압도하는 이러한 감정들을 배제하고 사람들을 받아들일 수 있어야 한다'는 사실을 알았다. 그러나 쉽지 않았다. 나는 내 스스로의 마음과 의식을 관리해야 하는 수행법에 매료됐지만, 어려운 일이었다. '내 마음에 나타나는 이러한 감정들은 단지 겉으로 드러난 현상일 뿐이다. 나는 겉으로 드러난 현상을 배제한 채 사람들을 마음에 담을 수 있어야 한다.' 그러나 그렇게 할 수 없었다.

그 이후 내 삶 전체를 되돌아보는 방법을 써서 사람들에 관한 명상을 체계적으로 시작했다. 학교에서의 생활을 떠올리자 나는 교실에서 친구들 사이에 앉아 있었다. 친구들 각자에 대해 생각했다. '내가 행복을 원하고 고통스럽기를 바라지 않는 것과 마찬가지로, 이 친구는 행복을 바라고 고통을 원하지 않는다.' 이렇게 함으로써 스스로 냉정함을 유지하며 친구들을 대하느라 조각조각 흩어졌던 내 마음은 온화함을 회복할 수 있었다. 어린 시절에 느꼈던 즐거운 기억과 괴로운 사건들의 기억이 점차 되살아났다. 마침내 그 기억은 내가 아기였을 때 항상 곁에 있었던 어머니에게로 이어졌고, 자라면서 사이가 좋지 않았던 어머니에 대한 기억도, 아기였을 때의 기억을 떠올림으로써 완전히 회복됐다. 다른 사람에게 도움이 되기를 바라는 것이 바로 내가 진정으로 원했던 일이었으며, 그 마음을 전달하는 데 도움이 되는 강력한 수행 방법들이 떠올랐다.

그러한 수행의 결과, 졸업 시험을 한 달 앞두고 버몬트의 숲으로 돌아가 시를 써야 했지만, 대신 티베트 사원으로 가서 수행하기로 결정했다. 내가 대학 생활을 하는 동안 아버지는 학자금 대출을 받았으며, 내가 졸업장을 받는 순간 그 부채를 갚아야 했기 때문이다. 그래서 나는 졸업장 없이 지내기로 했다. 티베트 불교 사원에서 지내기 위해 학위가 필요했던 것은 아니었다! 나는 사원으로 가서 5년 동안 수행했다.

5년 후 게쉐 왕걀은 책을 내게 주며 졸업 시험을 치르라고 했다.

그리고 남아 있던 지질학 시험을 보라며 돌려보냈다. 나는 〈방랑자〉라는 앵글로 색슨 시를 번역한 공로로 2등상을 받았다. 레버렛 하우스의 주인은 내게 학위를 수여하면서 내 이름을 세례명인 바울로 부르며, "이 시대의 소로(Thoreau), 사랑스러운 본성을 가진 사람, 캐나다의 숲길을 홀로 여행한 학생, 궁극적인 진리를 탐구한 바울은 그의 학급에서 가장 특별하고 영적으로 축복받은 사람"이라고 극찬했다. 아직도 나는 소로의 작품에 감명을 받는다. 물론 그의 사상이 지닌 개인주의적인 면 때문에 약간은 그러한 느낌이 줄어들기는 했지만 숲을 걸으며 그의 책을 읽으면서 그 아름다움에 빠져든다.

게쉐 왕걀의 문하에서 나는 티베트 어를 배웠다. 그리고 그 광활한 지역으로 뻗어나간 티베트 문화 전통 속에서 이뤄진 티베트 명상 수행을 익혔다. 티베트 문화는 볼가 강이 유럽 쪽 카스피 해로 흘러 들어가는 칼믹 공화국의 몽골 인 지역을 거쳐 내·외 몽골 시베리아의 부리야트 공화국, 라닥·시킴·부탄과 네팔에까지 뻗어나갔다.

이 책의 핵심은 자비심을 기르고, 겉으로 드러난 현상들의 참된 모습(實相)을 깨닫는 티베트 명상 수행이다. 나는 내 가슴 속 깊이 자리잡은 이 수행을 오늘날까지 하루도 거르지 않는다.

나는 게쉐 왕걀의 사원에서 2년을 지내면서, 위스콘신 대학에서 불교학 박사 과정을 밟았다. 위스콘신 대학원에서 나는 풀브라이트 장학금을 받아 박사 학위 논문을 쓰기 위해 인도로 갔다. 인도에 도착한 나는 하루라도 빨리 달라이 라마가 살고 있는 다람살라로 가려고 했다. 그러나 뉴델리에 있는 풀브라이트 재단 이사장이 정치적으로 민감한 사안이라며 만류했다. 중국 정부는 당시 달라이 라마를 고립시키기 위해 여러 가지 외교적인 방법을 동원했다. 지금도 그런 일은 계속되고 있다. 그러나 나는 다람살라 행을 강행했다. 운 좋게도 다람살라에 도착한 이틀 후부터 16일 동안 달라이 라마가 《깨달음에 이르는 수행의 단계》를 강의했다. 비록 나는 환생에 관해 내가 원했던 만큼 근본적으로 깨달을 수는 없었다. 그러나 점점 깨달음에 관한 달라이 라마의 가르침에 빠져들었다. 영적으로 고양된 나는 티베트 어로 그를 찬미하는 시들을 몇 편 썼다. 몇 차례의 강연을 통해 그는 나를 제자로 받아들였고, 1979년에서 1989년까지 미국과 캐나다, 말레이시아, 싱가포르, 오스트레일리아, 영국, 스위스 등지에서 있었던 그의 강연에서 통역을 했다. 달라이 라마와 나는 함께 일곱 권의 책을 발간했다. 프랑스에서 베스트 셀러가 된 《삶의 의미》도 그 가운데 하나였다. 내 삶은 달라이 라마의 자비로 무한히 풍요로워졌다. 그리고 그는 내게 자비심에 관한 가르침을 베풀었고, 티베트 경전들을 가르쳤다. 내 삶은 말할 수 없이 풍요로웠다.

나는 수행을 시작한 이래 10번의 인도 여행과 5번에 걸친 티베트 여행을 통해 18명의 티베트와 몽골리안 스승들에게서 가르침을 받았다. 이런 저런 일을 하면서도 17편의 논문과 23권의 저서가 전 세계 20개 언어로 출간됐다. 그러나 나는 그들의 가르침과 경전의 사상들을 궁극적인 것으로 여기지 않았고, 그들의 가르침을 실제로 수행하기를 원했다. 내가 자비심을 기르기 위해 수행했던 방편들을 통해 체득한 가르침들이 책을 읽는 여러분에게도 함께 하기를 바란다.

자비심을 기르는 수행은 내 실제 경험에 근거한 것이기 때문에 매우 특별하게 느껴진다. 내가 이 수행을 각별하게 생각하는 것은, 자기 자신만을 강조하고 중요하게 생각했을 때 생기는 욕망과 무한 경쟁심, 나와 주변 모두를 불행하게 만드는 사악한 힘, 사회 구성원을 분열시키는 '세계에 대항하는 나'를 바로 세우려고 했던 의지에서 나온 것이기 때문이다.

자비심 없이 신랄하게 함부로 남을 비판하는 일은 통제되지 않으며 결국에는 그 비난 자체가 스스로 살아 움직이게 된다. 그리고 친구와 가족, 자기 자신의 육체, 자기 자신을 공격하게 된다. 자비심이 바탕이 되지 않은 정치는 단지 권력을 가진 장벽일 뿐이다. 그러한 정치는 결과적으로 모든 이들이 추구하는 것을 방해하는 장애로 작용한다. 자비심을 결여한 세계에 대한 인식은 사람들을 경제적 성공으로만 치닫게 만든다. 가장 소중한 것은 모든 사람이고, 궁극적으로 추구해야 하는 것은 바로 생명이다. 자비심을 갖지 않은 채 성공만을 향해 욕심을 부리는 행위는, 밖으로 드러난 성공과 참된 자기만족이 다르다는 사실을 알지 못하는 사람들로 하여금 도덕에 어긋나는 방식으로 오로지 물질에 대한 욕망이 최고라는 헛된 인식을 심어 준다.

이 책에서 말하는 수행법과 가르침은, 분노와 무관심으로 가득한 마음을, 다른 사람을 위한 배려와 보호로 바꿀 수 있기 때문에 특별히 가치가 있다. 이 수행법은 비통한 세계에 희망을 제시한다. 이 책을 통해 다가올 천년이 자비를 향해 흘러간다는 사실을 알 수 있을 것이다. 자비는 말만으로는 충분히 실천될 수 없기 때문에 이 책을 통한 수행은 더욱 유용할 것이다. 나는 자비를 기르는 수행법을 통해 자비는 실천이 따라야만 한다는 사실을 깨달았다.

제프리 홉킨스(Jeffrey Hopkins)

| 제1장 |

명상

마음이 흘러가는 상태를 그대로 유지하는 일이 얼마나 어려운지 생각해 본 경험이 있는가? 마음은 우리가 한 곳에 머물러 있기를 원하는 동안에도 여기저기 옮겨다닌다. 어떤 경우에는 마음의 본래 성품이 이리저리 튀어다니는 공처럼 여겨질 때도 있고, 심지어는 물거품같이 생각될 때도 있다. 사실 마음은 본래 물처럼 쉼 없이 흐르는 특성이 있다. 그저 물거품 또는 물방울처럼 보일 뿐만 아니라, 마음의 본성은 물의 본래 성품과 비슷하다. 사물의 겉으로 드러난 현상에 집착하기 때문에 우리는 여기저기로 옮겨다니는 것이 마음의 본래 성품인 것처럼 느낀다. 그러한 느낌은 마치 우리가 버스에 탔을 때, 운전기사는 자기가 원하는 곳으로 우리를 데려다 주는데도, 우리는 우리가 도착한 장소가 보다 좋은 곳일 것이라고 여기는 것과 같은 일이다. 이처럼 우리 마음이 어느 한 곳에 집착하면, 누구에게나 아무런 편견 없이 베푸는 자비심을 실천하는 수행을 어렵게 만든다. 자비심은 마음이 어떤 사람 또는 특정한 상황으로 편향되게 흐르는 일을 막아 준다.

일반적인 사고방식에 반하는 공평한 자비를 베푸는 일은 쉽지 않기 때문에 반드시 명상 수행을 통해서만 기를 수 있다. 명상을 통해 자비를 수행하다 보면 점차 약간의 노력만으로도 공평한 자비심, 누구에게나 편견 없이 자비를 베푸는 일이 어떤 것인지 느낄 수 있고, 마침내는 자연스럽게 그러한 마음이 일어나며 어떠한 의식적인 노력 없이도 저절로 자비심이 생긴다. 이런 방편을 취해 수행을 하면 언젠가는, 자비심과 다른 사람을 진정으로 위하는 마음인 이타주의가 바로 당신의 몸을 이루는 본질적인 요소들로 보이는 때가 온다.

몇 년 동안 쉼 없이 명상을 통한 수행을 한다면, 마음 깊숙한 곳에서 외부의 도움 없이도 스스로 살아 움직이는 자비심을 느끼는 새로운 경지를 체험할 수 있다. 처음 명상 수행을 시작할 때는 자비심을 기르려는 노력이 점차 진보를 이루고, 일상생활에서도 가벼운 변화를 느낄 수 있다. 명상 초기에는 수행의 효과가 강하게 느껴지기도 한다. 그러나 수행 기간이 끝나면 다시 예전의 생활에 매몰돼 수행은 물거품이 될 수도 있다.

수행을 하는 동안 매우 강렬하고 마음 깊숙이 느꼈던 경험에 숙련되지 않은 수행자는, 허무하게 수행의 효과를 잃어버리고 예전의 생활 습관에 빠져든다. 어떤 사람들은 외부에서 일어난 욕망이나 증오심이 그들의 마음을 그렇게 몰고 갔다는 터무니없는 주장을 하기도 한다. 그는 수행을 하면서 새로운 경지의 통찰력을 체험하는데도, 수행을 하는 기간에도 그런 일이 일어났다고 강변하기도 한다. 그러나 사실은 이미 몸에 익은 옛날 생활 방식으로 되돌아감으로써, 일상적인 생활 태도가 어떤 것인지를 깨닫게 한다. 우리는 옛 생활 방식에 길들여져 있으며, 어쩌면 마음은 명상 수행을 통해 더 강해졌을지도 모르며, 그렇게 강해진 마음으로 인해 옛날의 생활 방식은 훨씬 더 강하게 우리를 구속할지도 모른다. 그렇게 옛날 생활 방식으로 쉽게 되돌아갈 수 있기 때문에 우리에게는 일시적인 기분보다는 명상이 더 필요하다.

명상은 티베트어로 곰빠(sgom pa, 觀想, 깊이 생각에 집중하는 것)*라고 한다. 익숙함도 곰빠(goms pa)라고 발음한다. 이 두 단어에서 s는 둘 다 발음되지 않는다. 따라서 말로 표현할 때는 명상이 익숙함이 된다. 또 습관이라는 뜻으로 쓰이기도 한다. 매일 매일 정기적으로 수행하려고 노력하면 일상생활에도 영향을 주게 된다. 이렇게 정기적으로 수행을 하기 위해서는 오랜 시간 명상을 계속하기보다는 짧은 시간 명상을 하는 것이 더 좋을 것이다. 어떤 목적을 이루기 위해 마음을 집중하는 것은 하루에 조금씩 정기적으로 명상을 하는 것이 더 유리하기 때문이다. 목적을 이루기 위한 집중력 없이 오랜 시간 명상 수행을 한다면 그저 습관처럼 점점 둔해지기 쉽다. 때문에 하루에 하는 명상 시간이 짧은 경우가 좋을 때가 있다.

아주 드물지만 전생에서 강렬하게 자비 명상 수행을 했던 사람이 이번 생에서도 자비심을 기르는 수행을 한다면 흐르는 물처럼 자연스럽게 아무런 장애 없이 쉽게 몸에 밸 수도 있다. 보통의 경우에는 자비심을 기르는 명상에 어느 정도 익숙해졌다고 해도 친구들을 향

---

* 티베트어 곰빠는 사원이라는 뜻으로 쓰이기도 한다.

해서는 자비를 베풀기 쉽지만, 친구가 아니거나 적도 아닌 그저 무관심한 사람에게 자비를 베풀기는 쉽지 않다. 그러나 싫어하는 사람이 생겼을 때 수행은 실타래처럼 엉키기 시작한다. 본질적으로 우리는 남에게 자비로운 사람인 척한다. 애써 의식하지 않아도 저절로 다른 사람에게 진정으로 자비를 베풀 수 있는 유일한 방법은 자비를 자꾸 베푸는 수행을 하는 것이다. 자비를 베푸는 일에 친숙해지기 위해서는, 현재 내 마음이 흐르고 있는 방향과는 전혀 다른 길을 가야 하는 명상 수행이 어떻게 가능한지를 의식적으로 깨닫는 것이다. 다만 실질적으로 명상을 통해 무엇을 느끼려고 하기보다는 그저 겉으로 드러나는 것을 위해 수행한다면 생각 자체를 완전히 바꿀 필요 없이 그저 억누르기만 해도 된다. 그러나 그렇게 억누르는 것은 실제로 수행을 하는 것이 아니다. 또 다른 방식으로 회피하는 것일 뿐이며, 자발적으로 자비심을 기를 수 있는 기회를 무산시키는 일일 뿐이다.

우리는 늘 싫어하는 사람과 맞부딪쳐야 한다. 싫어하는 사람이나 대상을 의식하지 않고 지낼 수 있는 순간은 실제로는 없다. 대부분의 사람들은 부모와 긴장된 관계를 유지한다. 그러나 한때는 온 우주를 통틀어 가장 위대한 존재는 어머니와 아버지라고 생각하던 시절이 있었다. 우리가 부모님에 대한 그러한 기억을 잠깐 동안이라도 유지할 수 있는 것은 무엇 때문인가? 그 방법은 우리가 일상적으로 부모님에게 직접 맞서는 생각들을 계속해서 파괴시켜 나가는 데 있다.

그래서 점차 앞으로 한 발 한 발 나아가면서 마음을 닦고 자비심을 기르는 수행을 통해 얻어지는 위대한 경지들을 마음에 담아두는 것이 중요하다. 수행을 하면서 종종 갑자기 한 순간 어떤 경지를 뛰어넘는 경우가 있는데, 그러한 경험은 일시적이다. 오래도록 그러한 수행을 유지하는 것보다 중요한 것은 항상 조금씩 앞으로 나아가는 것이다. 보다 쉽게 한 발 한 발 앞으로 나아가는 길은 다른 사람들과 함께 수행 과정에서 나타나는 장애물에 대해 공유하고 토론하며 함께 진전을 성취하는 것이다. 나는 종종 일정 기간 수행을 하려고 모인 사람들에게, 우선 누구에게나 좋아하고 싫어하는 차별을 일으키지 않는 평등한 마음*을 갖게 한다. 그리고 궁극적으로 자비심을 베풀 수 있는 마음을 갖도록 그들의 수행을 이끈다. 그렇게 특정한 수행을 하고 나서 나는 "어떤 것을 새롭게 느꼈습니까?"라고 묻는다. 누군가가 모든 사람을 향해 평등하게 자비를 베풀 수 있는 경지에 도달한 것이 어떤 것인가에 대한 설명을 듣는다면, 당신 또한 평소에는 전혀 생각하지 못했던 사람, 예를 들면 '나의 적'이라고 해도 '행복을 원하고 고통을 바라지 않는' 사람이라는 사실을 깨닫게 될 것이다. 그렇게 다른 사람이 수행을 해서 이룬 상태를 전해 들으면서 그러한 상태가 어떤 상태인지 상상하게 되고, 당신도 그러한 상태를 향해 한 발 한 발 나아갈 수 있을 것이다. 당신에게는 적도 아니고 친구도 아닌 사람, 즉 당신에게 도움이 되지도 않고 해를 끼치

---

* 평등심(平等心) : 모든 생명에 대해 갖는 네 가지 마음(四無量心) 가운데 하나인 평등한 마음이다. 생명은 무한하게 계속되기 때문에 생명에 대한 마음을 무량하다고 표현했다. 사무량심(捨無量心)이라고도 한다. 네 가지 마음 가운데 첫 번째는 자무량심(慈無量心)으로서 모든 생명에게 즐거움, 기쁨을 주려는 마음이다. 두 번째는 비무량심(悲無量心)으로 한량없는 중생들의 슬픔을 덜어 주려는 마음이다. 세 번째는 희무량심(喜無量心)으로 모든 생명이 고통을 떠나 즐거움을 이루면 함께 기뻐하는 마음이다. 네 번째가 평등심이다. 이 네 가지를 한자로 자비희사(慈悲喜捨)라고도 한다.

지도 않는 사람들을 향해 자비를 베풀려고 노력하는 자세를 유지한다면, 수행에 실패한 사람들에게서 경험담을 들음으로써 일정한 성과를 거둘 것이다. "행복을 원하고 고통을 바라지 않는다는 깨달음을 이러이러한 사람들에게까지 확장시키는 것은 매우 놀라운 일이다."라는 소리를 들을 것이다. 한 발 더 나아가 수행에 참여했던 사람이 스스로 부딪친 장애물에 대해 털어놓는다면 당신의 마음은 그 장애물을 극복하고 어려운 상황을 해결하는 길로 접어들 것이다. 수행을 하면서 어떤 장애물이 생겼는지에 관해 상세하게 설명하고 함께 토론을 하면 당신의 마음 상태는 그러한 장애물을 그저 제거하는 데 머물지 않고, 보다 나은 수행의 결과, 보다 나은 진전을 이루기 위해 움직이기 시작한다.

사람들은 가끔 아무런 자극 없이 일상에 매몰돼 지내다가 갑자기, "내가 여기서 무엇을 하고 있지? 내가 무슨 일을 한 거야?"라고 반문한다. 그리고 어느 정도 시간이 흘러서야 "아, 나는 자비심을 기르는 수행을 하기로 되어 있지."라는 기억을 떠올린다. 그리고 당신의 마음이 방황하고 있다는 사실을 알게 되면 서서히 그 주제로 마음을 되돌릴 것이다. 명상 수행에서 특별한 가치를 찾지 못했거나, 또 다른 수행법을 찾아 의미 없이 방황하게 되더라도 일단 마음이 결정을 했다면 자신의 선택을 부끄러워하지도 말고 반대로 지나치게 자만하는 마음이나 선호하는 마음도 갖지 말아야 한다. 단지 당신의 마음을 자비를 기르는 데에만 집중하면 된다.

바쁜 일상생활 속에서 정기적으로 수행을 위한 시간을 투자한다는 것이 걱정될지도 모르지만 자비에 관한 명상 수행에는 그다지 많은 시간이 필요하지는 않다. 내가 1972년에 처음 인도 다람살라로 달라이 라마를 찾아 갔을 때, 그는 《깨달음에 이르는 수행의 단계》* 에 대한 강의를 하고 있었다. 강의 중반에 그는 우리 모두에게 하루에 여섯 번씩 규칙적으로 성심을 다해 부처님과 부처님의 가르침, 그 가르침을 실천하려고 정진하는 영적인 공동체(승가, 스님들)를 향해 존경심을 표하고 믿고 따르겠다는 마음을 나타내는 의식(歸依) 에 대해 설명했다. "나는 깨달음을 이룰 때까지 부처님과 부처님의 가르침, 거룩한 영적인 공동체에 귀의합니다. 나는 모든 생명들에게 이익을 주기 위해 아낌없이 베풀고, 윤리를 지키며, 모든 어려움과 고통을 반드시 이겨내고, 수행을 게을리 하지 않으며, 마음을 한곳에 집중하고, 지혜의 힘을 발휘해 반드시 깨달음을 이루겠습니다." 처음에 나는 '어떻게 하루에 여섯 번씩이나 이런 의식을 할 수 있을까, 시간이 모자랄 것이다.'라고 생각했다. 그러나 이 예불 의식은 매우 빠르게 진행된다. 시간이 없으리라는 것은 그저 걱정에 지나지 않았다. 내가 염려했던 것은 사실은 하루에 여섯 번씩이나 번거로운 의식을 하기가 싫다는 것일 뿐이었다. 한 번 의식을 하는 데 필요한 시간은 단 15초면 충분했다. 경우에 따라서는 여섯 번을 계속해서 할 수도 있었다. 그럴 경우 하루에 그 의식에 필요한 시간은 1분 30

---

* 보리도차제론(菩提道次第論, The Stages Of The Path To Enlightenment-Lam rim chen mo) : 1402년 티베트의 쫑카파(1357~1419)가 지은 책. 대본과 소본 두 종류가 전한 다. 대본은 1402년 쫑카파가 티베트 라싸 북쪽 레팅사에서 쓴 것이고, 소본은 1409년 간 덴사에서 대본을 줄여서 쓴 것이다. 이 중 대본은 '삼사(三士)가 수용해야 할 모든 순서를 명시한 보리도차제'라 하여, 흔히 《람림(Lamrim)》이라고 한다. 1042년 티베트에 밀교를 전한 아티샤(Atisa)의 영향을 받아 저술하였다. 《비밀차제도론》과 함께 티베트 불교 황모 파의 근본 성전으로 꼽힌다.

초에 불과하다. 누구든지, 그가 어디에 있든지 자비를 실천하는 데 넉넉하게 하루에 단 3분만 투자하면 충분한 것이다.

명상의 자세

명상을 할 때 반드시 특별한 자세가 필요한 것은 아니다. 서 있거나 앉아 있거나, 버스에 타고 있든지 비행기를 타고 있든지 돌발적인 사고가 일어나지만 않는다면 어디에서나 언제나 명상을 할 수 있다. 때때로 수행의 위치를 바꾸는 것은 일상의 삶에 대해 깊이 살펴볼 수 있게 해 준다. 그러나 명상 수행을 오래도록 지속하면서 수행 기간 내내 전념할 수 있도록 해 주는 데 도움이 되는 특별한 자세가 있다.

명상 수행을 하는 자세에는 일곱 가지 특징이 있다.

1. 가장 먼저 편안한 방석 위에 연꽃이 활짝 핀 모양으로 앉거나 반쯤 핀 모양으로 앉는다. 티베트에서는 이렇게 양 다리를 서로 꼬아서 앉는 자세를 금강좌*라고 부르고, 한쪽 다리만 겹쳐 올려놓은 자세를 반금강좌라고 한다. 금강(vajra)은 산스크리트어로 다이아몬드라는 뜻이다. 이러한 자세를 절대로 부서지지 않는 견고한 모양

---

* 부처님께서 깨달음을 이루실 때 이 자세를 취하고 앉았기 때문에 여래좌, 또는 불좌라고도 한다. 번뇌를 끊고 깨달음을 이루는 금강(金剛)과 같이 견고한 선정을 의미한다.

이라고 해서 다이아몬드 홀(忽, scepter)이라고도 부른다. 어떤 자세로도 명상을 할 수 있지만 이렇게 특별한 자세를 취하고 앉으면 졸음을 막거나 고통스러움이 주는 무게를 견딜 수 있다. 또 이런 자세를 취하면 마음을 한곳에 집중할 수 있다. 누워 있는 자세로 마음을 다해 수행을 하기는 쉽지 않다.

　방석은 편안한 것이어야 하는데, 큰 사각형 모양의 방석은 주로 선 수행에서 많이 사용된다. 이것은 윗부분이 더 작고 엉덩이에 닿은 부분이 사각형이거나 원형으로 된 것인데, 엉덩이에 닿는 부분이 아주 딱딱한 것이라면 편안하게 앉아서 수행을 할 수 있을 것이다. 가장 좋은 방석은 엉덩이 양쪽이 다 닿으면서 두 무릎이 방바닥에 닿을 만큼의 크기 정도가 적당하다.

　반금강좌는 오른쪽 다리를 접어 왼쪽 다리 아래 둔다. 왼쪽 발은 접혀진 오른쪽 다리 위 사타구니 근처에 놓거나, 오른쪽 다리 위나 허벅지 위쪽에 둔다. 반금강좌 자세는 완전한 금강좌로 앉는 것을 준비하는 좋은 방법이다. 처음에는 왼쪽 발을 오른쪽 사타구니까지 당기려 하지 말고 그저 넓적다리 위에 가볍게 얹어 놓는 것으로 시작하는 것이 좋다. 이렇게 되면 자연스럽게 왼쪽 무릎과 발은 구부러진다. 그렇게 하는 것이 어렵다면 왼쪽 다리를 몸에 가깝게 붙이고, 오른쪽 다리는 앞쪽으로 곧게 뻗고 나서, 가볍게 오른쪽 다리를 구부리면 된다. 나는 처음에 거의 오른쪽 다리를 구부릴 수 없었다. 그러나 게쉐 왕걀은 우리를 지도하면서 거의 하루 종일 얇은 융단이 깔린 마룻바닥에 앉게 했다. 우리는 얼마 견디지 못했다. 참으로 고통스러웠다.

완전한 금강좌는 반금강좌에서 시작한다. 이때는 오른쪽 발을 왼쪽 허벅지 위에 둔다. 대부분 완전한 금강좌를 취하면서 두 발을 사타구니에 가깝게 두는 것이 중요하다고 생각한다. 그러나 내게 명상을 가르친 스승 가운데 한 분은 그렇게 하는 것보다는 좀더 편안하게 앉을 수 있는 자세가 더 수행에 도움이 된다고 가르쳤다. 왼쪽 다리를 바깥쪽으로 두고 오른쪽 발은 거의 무릎 근처에 놓는 것이 더 이로운 점이 많다고 했다. 만일 두 발을 사타구니 가까이에 두고서 30분을 앉아 있을 수 있다면, 좀더 편안한 자세로는 한 시간이나 두 시간 동안 앉아 명상을 할 수 있다.

연꽃이 활짝 핀 모양을 본뜬 금강좌는 견고하다. 그렇게 한번 자세를 취하고 나면 얼마 지나지 않아 편안해진다. 이렇게 몇 주 또는 몇 달이 지나면 양쪽 무릎이 방석 아래 바닥에 닿아 있는 것을 느낄 수 있다. 처음에는 오른쪽 무릎은 공중에 떠 있게 마련이다. 엉덩이 아래 방석을 깔고 앉으면 양쪽 무릎이 정확하게 바닥에 닿을 수 있다. 그럴 때 등이 앞으로 기울지 않도록 주의해야 한다. 또한 반대로 엉덩이가 방석에 의해 약간 들린 상태가 아니라 엉덩이와 바닥이 완전히 수평을 이루면 오른쪽 무릎은 항상 공중에 떠 있게 될 것이다.

이렇게 앉는 자세가 불편하다면 여러 가지 방법으로 편안하게 할 수 있다. 만일 금강좌를 취하고 앉는 것이 고통스럽다면 곧바로 자세를 풀어야 한다. 또 쉽게 다리가 접히지 않는다면 금강좌를 취하게 될 때 분명히 고통을 느끼게 된다. 그러면 바로 편안하게 다리를 뻗고 앉아야 한다. 이렇게 고통을 느낄 때 그 자세를 푸는 일은 매우 중요하다. 덩치가 매우 컸던 한 사람이 억지로 금강좌를 오래 지속하고 있었는데, 그는 고통을 참다가 결국 다리가 부러지고 말았다. 몸이 멈추어야 한다는 신호를 보내면 즉각 멈추어야 한다.

2. 편안한 방석 위에서 금강좌나 반금강좌 자세로 앉아 있을 때는 눈은 거의 감은 상태를 유지해야 하지만 완전히 감지 말아야 한다. 처음 수행을 시작할 때 눈을 가느다랗게 뜨고 있으면 보다 쉽게 수행의 목적을 생생하게 마음에 떠올릴 수 있다. 눈을 완전히 감지도 않고 완전히 뜨지도 않은 상태로 명상을 시작할 때 마음은 매우 선명한 것처럼 보이지만, 얼마 안 있어 마음의 작용은 흐려진다. 그러나 그렇게 된다고 해도 눈은 코끝을 바라보고 있어야 한다. 코끝을 보는 것이 불편하다면 약 1미터 앞의 바닥을 응시하면 된다. 물론 그런 자세를 취하는 목적은 코끝을 바라보는 데 있는 것이 아니라, 보는 작용으로 인해 생기는 의식으로 인해 마음이 흐트러지는 현상을 방지하기 위한 것이다. 심지어는 눈에 빛이 들어온다고 해도 마음을 한곳에 집중해야 한다.

3. 몸은 바르게 펴고 척추도 곧게 편 상태를 유지한다. 나는 처음에는 약간 앞으로 몸을 기울인 상태로 명상을 시작한다. 이렇게 앉으면 엉덩이 살이 긴장되고, 곧 다시 몸을 세울 수 있기 때문이다. 이렇게 엉덩이 살을 긴장시킨 상태를 유지하면 마치 방석이 몸을 받쳐 주는 것처럼 몸을 곧게 지탱할 수 있다. 그러면 엉덩이와 바닥이 완전히 붙은 채 똑바로 앉는 것보다 더 쉽게 몸을 지지할 수 있다. 반면에 엉덩이가 아래쪽에서 흔들리면 몸을 바른 자세로 지탱할 수

없고, 곧은 자세를 유지할 수 없다.

4. 어깨는 수평을 유지해야 한다. 어깨가 수평을 이루고 있는지를 말해 줄 친구(도반)가 필요하다. 어깨를 똑바르게 하고, 똑바른 것이 어떤 상태인지를 느낄 수 있어야 한다.

5. 코는 배꼽과 일직선상에 두어 머리를 바르게 유지해야 한다. 코와 배꼽이 정확하게 일직선상에 있다면 머리가 어느 한쪽으로 기울지 않는다는 것을 의미한다. 머리는 뒤쪽이나 앞쪽, 오른쪽이나 왼쪽으로도 기울지 않아야 한다. 정확하게 수평을 유지해야 한다. 목은 공작의 자세처럼 뒤쪽으로 끌어당기고 약간 앞쪽으로 숙여야 한다. 머리를 들어올리고 등을 곧게 편 상태를 유지하면서도 머리를 약간 앞으로 기울인 채로, 어떻게 가슴이 똑바로 펴지는지 놀랄 것이다. 공작의 머리 모양을 자세히 관찰해서 지금 설명한 자세와 비교해 본다면 어떻게 해서 그런 자세를 유지할 수 있는지, 왜 그런 자세가 유지되는지를 알 수 있을 것이다.

6. 혀는 윗니 뒤쪽에 가지런히 두면서 이는 편안하게 다문 상태를 유지해야 한다. 이 자세는 침이 지나치게 많이 나오는 것을 막아 준다. 명상 수행을 할 때 침은 문제가 된다. 처음 내가 다른 사람들과 수행할 때 침 삼키는 소리가 너무 많이 들렸다. 대부분의 요가 수행 체계에서는 코를 통해 호흡하는 것이 중요하다고 가르친다. 그러므로 입을 다물고, 입으로 숨을 내쉬거나 들이마시는 습관은 버려야

한다.

7. 호흡은 깊고 서서히 해야 한다. 다른 사람들과 수행을 하기 위해 자세를 취하고 앉은 상태에서 거친 숨소리를 듣는 일은 수행에 방해가 된다. 당신이 내는 숨소리는 함께 수행을 하는 동료들뿐만 아니라 당신의 마음도 흐트러뜨린다. 마음은 호흡의 움직임에 좌우되기 때문에 당신에게도 좋지 않다. 호흡을 거칠고 힘들여 한다면 쉽게 현기증이 날 수도 있다. 호흡을 부드럽고 깊게 해야 하는 이유가 여기에 있다. 자기 자신의 숨소리를 들을 수 없을 정도로 부드럽게 호흡해야 한다. 그러나 처음 수행을 하는 사람들은 스스로 호흡을 매우 느리게 하거나 참는 법을 모르며, 강제로 그렇게 해서도 안 된다는 사실을 기억해야 한다.

다시 한 번 명상할 때 유지해야 하는 일곱 가지 자세를 정리한다.

1. 방석 위에서 금강좌 또는 반금강좌 자세로 앉는다.
2. 눈은 거의 감은 상태를 유지하고 코끝을 바라본다.
3. 몸과 척추는 곧게 편 상태를 유지한다.
4. 어깨는 수평이 되도록 둔다.
5. 머리는 약간 앞으로 숙이고 코와 배꼽이 일직선을 이루어야 한다.
6. 입은 편안하게 다물고 혀는 윗니 바로 뒤에 둔다.
7. 매우 깊고 부드럽게 천천히 숨을 들이마시고 내쉬어야 한다.

이 일곱 가지 자세를 지켜야 하는 것은 마음이 호흡에 좌우되며, 에너지의 흐름, 바람이라고 불리는 것 때문이다. 이렇게 바른 자세를 유지하면 이들 에너지의 흐름이 바르게 유지되고, 기가 흐르는 통로가 똑바로 펴지면 마음도 자연스럽고 평온한 상태에 머물게 된다.

손은 어떤 모양을 해야 하는가? 수행을 하면서 손을 두는 방법은 여러 가지이다. 한 가지는 엄지손가락을 반원 모양으로 구부려 약지 위쪽까지 끌어당긴 후에 다른 손도 같은 모양으로 만들어서 엄지손가락끼리 부드럽게 닿게 하는 것이다. 이 자세는 괴로운 감정들을 억제하는 에너지를 내게 하는 효과가 있다. 손을 무릎 위에 놓는 방법도 있다. 왼손바닥을 공중으로 향하게 하고 왼쪽 무릎 위에 올려놓고, 오른손바닥은 아래를 향하게 해서 오른쪽 무릎 위에 올려놓는 방법이다. 이 자세는 에너지를 한곳으로 집중하게 한다. 또 왼손바닥을 위로 향하게 해서 다리 위에 놓고, 오른손바닥도 위로 향하게 해서 올려놓는 자세도 있다. 이 밖에도 약간 상체를 뒤로 젖힌 채 바닥에 손을 집는 자세도 있다. 피로해진 마음에 활력을 주는 효과가 있는 자세이다.

명상을 하면서 마음이 흔들리지 않게 유지할 수는 있다. 그러나 만일 마음을 어떤 대상에 분명하게 유지할 수 없다면 미세하게 이완된다. 이처럼 마음이 미세하게 이완된다고 해도 마음의 선명한 상태를 방해하는 장애가 된다. 몸으로 여러 가지 자세를 취하는 것은 마음을 뚜렷한 상태로 오래도록 유지할 수 있게 해주기 때문이다.

자비 수행의 단계

단 한 번의 수행으로 자비를 완벽하게 이룰 수는 없다. 이제 자비심을 기르는 긴 여정의 수행을 본격적으로 시작하기에 앞서 수행의 단계를 먼저 간략하게 살펴본다. 미리 어떤 수행의 단계들을 밟아 나가야 하는지를 살펴보면, 깨달음의 상태인 완전한 단계로 나아가도록 마음을 이끌어 주는 데 도움이 될 것이다. 수행의 효과를 더욱 강하게 해 주는 일련의 보조적인 방편들과 함께 자비를 기르는 명상 수행의 단계들을 하나하나 미리 살펴보겠다.

1단계

제2장 평등심의 근본적인 단계 – 이 단계에서는 모든 사람들이 행복을 바라고 고통을 원하지 않는다는 사실을 깨닫는다. 평등심을 기르기 위해서는 여덟 가지 명상을 수행해야 한다.

제3장 수행을 시작하게 된 동기에 어긋나지 않게 어떻게 수행할 것인가. 그리고 수행을 마친 후에는 어떻게 그 가치를 다른 이들을 위해 베풀 것인가.

제4장 죽음에 임박해서 명상 수행을 함으로써 어떻게 죽음을 현실로 받아들일 것인가. 깨달음을 이루기 위한 이번 생의 소중한 기회를 활용할 수 있는 강한 의지를 어떻게 개발할 것인가.

수행의 네 가지 방편을 통해 이미 행한 옳지 못한 행위로 인해 생길 나쁜 결과를 어떻게 줄일 수 있는가. 이 수행의 네 가지 방편은 자기가 저지른 옳지 못한 행위(악업)를 드러내고, 이것을 뉘우치며,

미래에는 악한 행위들을 하지 않겠다는 자신과의 약속, 선한 행위들을 하는 것이다.

제5장 세 단계의 방편을 통해서 어떻게 평등심과 자비심을 가로막는 장애물을 제거할 것인가. 그 세 가지는 지옥 같은 상황을 떠올리는 것이고, 고통 받는 존재들을 구제하는 것이다. 자기 자신과 지옥과 같은 상황을 상상하고, 그들 고통 받는 존재를 제도하는 것, 그리고 자기 자신이 간절히 원하는 것과 그들 고통 받는 존재들이 바라는 것이 유사하다는 사실을 깊이 생각하는 것이다.

살면서 생겼던 갈등을 (전생에서 있었던 갈등을 포함해) 기억하고, 자세의 변화를 떠올리는 것으로써 어떻게 그 결과들을 바꿀 것인가.

꿈에 나타난 괴물들을 상상하고, 그 괴물들이 자기 자신과 마찬가지로 고통에서 벗어나기를 바라고 행복을 원한다는 사실을 고요히 깊이 살펴봄으로써 어떻게 그 괴물이 주는 공포를 극복할 것인가.

제6장 과거 생에서 맺었던 특별한 관계들을 상상함으로써 어떻게 평등심을 기를 것인가.

2단계

제7장 가장 훌륭한 친구들을 본보기로 삼아 모든 사람들이 다 그만큼 가깝다는 사실을 명상한다. 이어지는 두 장에 그것을 강화하는 방법이 설명돼 있다.

제8장 수행을 하면서 어떻게 효과적으로 진전을 이룰 것인가. 그리고 수행을 하면서 생기는 장애물들을 어떻게 극복할 것인가.

제9장 어떻게 도움이 필요한 사람들을 선택하고, 그들에게 이익을 주며, 다른 사람들의 성공을 함께 기뻐하면서 자신의 이기심을 버릴 것인가.

3단계

제10장 그들이 의식적으로 베푼 친절이든 모르는 사이에 베푼 호의든 이러한 마음에 대해 깊이 생각한다.

4단계

제11장 친절에 보답하려는 확고한 마음을 개발한다.

5단계

제12장 사랑의 세 단계에 관해 명상한다.

6단계

제13장 자비심의 세 단계가 어떤 것인지에 대해 이어지는 세 장에서 설명할 것이다. 지혜에 의해 향상되는 자비심에 대해서는 마지막 장에서 정리할 것이다.

제14장 우물에 걸린 찌그러진 양동이를 예로 들어 자비심을 기른다는 것이 어떤 것인지를 설명하고, 모든 생명들이 처한 상황을 고요하게 깊이 살펴봄으로써 고통 받는 존재들에 대해 알게 된다.

제15장 자비심을 기른다는 것은 호수에 비친 달과 같은 대상의 참모습을 깊이 살펴봄으로써 모든 존재들이 무상하다는 사실을 깨달

는 것이다.

제16장 자비심을 기르는 것은 잔잔한 호수에 비친 달의 그림자와 같은 대상의 참모습을 고요하고 깊이 살펴봄으로써 모든 존재들이 공(空)하다는 사실을 깨닫는 것이다.

제17장 자비심과 참된 지혜는 서로 밀접한 관계가 있고, 서로에게 큰 영향을 준다.

지금까지 각 장별로 정리한 내용은 수행을 하면서 생기는 장애물을 제거하며, 마음을 다른 사람들에 대한 배려와 호의로 가득 채우고, 서서히 가슴 깊숙한 곳에서부터 자비심을 일으키는 수행의 방법들이다. 이 내용들은 명상 수행을 위해 간략하게 요약한 것이며, 수행 기간 내내 활용할 수 있다.

제 1 단계

평등심

명상 수행을 하면서 이렇게 깊이 생각한다.
'내가 행복을 원하고 고통을 바라지 않는 것과 똑같이
이 사람도 행복을 바라고 고통을 원하지 않는다.'

│ 제 2 장 │

모든 생명이 동등함을 깨달음

달라이 라마의 강연을 통역할 때, 그는 문법에 맞지 않은 영어로 "친절은 사회다."라고 했다. 매우 낯선 표현이었다. 그 무렵의 나는 그가 "친절은 사회다."라고 한 말의 뜻을 이해할 만큼 수행이 돼 있지 않아서 그 말의 뜻을 "친절은 사회적으로 중요하다.", "친절은 사회를 위해 반드시 필요하다." 정도로 이해했다. 그러나 그가 말했던 본래 의미는 '친절이 없다면 사회가 유지될 수 없을 정도로 중요하다'는 것이었다. 친절이 없다면 사회는 존립 자체가 불가능하다는 뜻이었다. 그래서 친절은 사회 자체이고, 사회는 바로 친절이었다. 다른 사람들을 위한 배려 없이 사회가 존재할 수는 없다. 인류는 친절이 없는 사회가 존립이 가능한가에 대해 수백년에 걸쳐 실험을 해왔으며, 최종적으로 친절이 없는 사회는 있을 수 없다는 결론을 얻었다.

자본주의 국가든 공산주의 국가든 개인을 우선시하거나 국가를 중요시하거나 하는 원리에 근거해 친절이 없는 사회가 가능한지 실험을 해 왔다. 요즘은 국가를 국민으로 보는 의미에서 '국가'는 사회가 아니다. 국가가 할 수 있는 것이 무엇이든, 국가는 사회가 아니라 사회를 넘어서는 일종의 유기체이다. 통제할 수 없는 자본주의와 공산주의는 끔찍한 실패에 직면해 있다. 어떤 기술을 사용하든 압제 장치 없이 교묘하게 국민들을 통제한다. 정부가 어떤 폭압적인 통치 방법을 생각해 내든지 국민들은 피할 것이다. 예를 들어 정부에서 도청 시스템을 개발한다면 국민들은 그 대응 시스템을 만들어 낸다. 그러면 연방 정부는 도청이 아니라 벽을 꿰뚫어보는 것과 같은 보다 개량된 방법을 고안해 낼 것이고, 다시 국민들은 그 시스템을 무력화시키는 방법을 찾아내게 될 것이다. 서로 도우려는 마음, 다른 사람들을 배려하는 마음이 없이 개발하는 어떤 시스템도 유용하지 않다.

달라이 라마는 전 세계를 다니며 강연할 때, 강연장에 모인 청중들을 향해 '다 형제와 자매 같다'고 자주 말한다. 강연을 듣는 사람들은 대부분 그와는 다른 종교를 믿고, 전혀 다른 환경에서 자랐으며, 완전히 다른 옷을 입고 있어도, 그들을 향해 형제와 자매처럼 느낀다고 즐겨 말한다. 그러나 그가 그렇게 모든 사람들을 형제와 자매처럼 느낀다는 기본적인 인식은 모든 존재들이 원하는 것이 무엇인지를 알 수 있게 해주는 토대가 된다.

사실 우리 모두는 서로를 매우 잘 알고 있다. 때때로 달라이 라마가 '우리는 모두 행복을 바라고 고통을 원하지 않는다'고 말할 때, 진부한 표현처럼 들린다. 특별한 가치를 얘기했다고 여겨지지 않는다. 그러나 그 표현은 모든 존재들의 본래 모습을 고요하고 깊이 살펴보고 명상함으로써 가능한 결론이고, 위대한 가치를 지닌 말이다. 왜냐하면 우리는 '내'가 행복을 원하고 고통을 바라지 않는 것과 마찬가지로 '너'도 행복을 바라고 고통을 원하지 않는다는 사실에 대해 항상 마음속에 새겨 두고 행동하지 않기 때문이다. 우리는 그러한 사실에 대해 변함없는 진실이라고 여기는 대신 '아, 나는 행복을 원하고 고통을 바라지 않는다. 물론 이 사람들도 행복하기를 바라고 고통을 원하지 않는다. 그런데 그들은 어떻게 나에게 도움이 되는가?'라고 생각한다.

일상적인 습관 때문에 '그래, 나는 고통을 없애고 행복을 바라는데 너는 나를 어떻게 도울 수 있는가?'라고 생각한다. 그러나 '내'가 고통을 원하지 않고 행복을 바라는 것과 같이 '너'도 그렇다는 사실을 상기한다면, '나'를 위해 '너'는 봉사해야 한다는 요구를 할 수는 없다. 나를 위해 행복을 주고 고통을 없애야만 한다면 다른 모든 사람을 위해서도 동등하게 그렇게 해야 한다.

눈에만 의지한 인식은 존재의 참모습을 볼 수 없다

처음 모든 생명들의 근본적인 특성에 대한 흔들림 없는 깨달음을 이루어야겠다고 마음먹었을 때, 그러한 변함없는 깨달음을 방해하는 것이 무엇인가에 대해 생각했다. 우리는 모두 비슷하지만 자신의 행복을 위해 자기에게는 결코 사용하지 않는 수단들을 써서 다른 사람들을 이용하고, 지켜야 할 선들을 쉽게 넘는다. '나 자신'을 다른 사람들의 행복을 위해 이용하는 것에는 관심이 없고, 그들이 얼마가 되든 모든 사람들은 '나'의 행복을 위한 관점에서 이용될 수 있어야 한다. '너'는 반드시 '내'가 행복해지기 위한 수단이어야만 한다.

우리의 어떤 마음이 다른 사람들을 이용해야 한다는 생각에서 벗어나도록 해 주는 깨달음을 방해하는가? 그 한 가지 이유는 우리가 주로 시각을 매개로 해서 다른 사람들을 접한다는 데 있다. 우리는 주로 다른 사람을 눈으로 보지만, 자신에 대해서는 느낀다. 그리고 따뜻함, 추위, 배고픔, 목마름, 호흡, 즐거움, 고통 등 자기 자신과 관련된 느낌들을 우선시한다. 근본적으로 자기 자신을 대하는 방식과 다른 사람을 대하는 방식이 다른 것이다.

우리는 종종 시각을 매개로 다른 사람들에 대해 알아 가기 때문에, 검고 희고 노랗고 붉은 등등의 피부색이라는 어리석은 범주로 사람들을 대한다. 티베트 사원에서는 젊은 수행자들이 토론 수행을 하면서 "흰 말은 흰 색인가?"라는 질문을 먼저 한다. 적절한 대답은 "아니오, 흰 말은 희지 않습니다."라는 것이다. 사람과 마찬가지로 말은 생명을 가진 존재들이다. 한 사람, 사람들은 색깔이 아니다. 우리는 이러이러한 것은 희고, 저러저러한 것은 검다고 말한다. 그러나 완벽하게 정확한 표현은 아니다. 색깔은 단지 물질과 관련된 것이다. 사람은 몸과 마음에 의해 지시된다. 사람들은 마음도 아니고 몸도 아니다. 몸과 마음이 합해진 것도 아니다.

우리는 주로 색깔과 모습에 의해 다른 사람들을 이해하고 파악한다. 주로 피부색과 생긴 모습에 의지해 다른 사람들이 이러이러하다고 정의한다. 그러나 자기 자신에 대해서는 느낌을 통해 인식한다.

그리고 그 느낌이 즐거운가, 괴로운 것인가 하는 사실을 매우 중요하게 받아들인다. 우리는 즐겁기를 원하고 고통을 제거하기를 바란다. 그래서 고통을 없애고 행복을 얻기 위한 스스로의 요구에 매우 민감하게 반응한다. 다른 사람들에 대한 지각의 매개체와 자기 자신에 대한 이해의 매개체가 다르기 때문에, 자기 자신을 다른 사람들에 비해 매우 중요하게 여기는 경향이 있다.

내가 이러한 사실을 이해하고, 그 이유를 알았던 것은 달라이 라마와 함께 처음 유럽을 방문했을 때였다. 그때는 그의 강연을 통역하기 위해서가 아니라 새로운 가르침을 받기 위해서였다. 달라이 라마는 어떤 도시에 도착했는데, "모든 사람은 행복을 원하고 고통을 바라지 않는다."고 말했다. 인도에서 나는 하루 네 시간에서 여섯 시간씩 16일 동안, 매우 어렵고 긴 달라이 라마의 강연을 들었다. 그러나 그가 유럽에 가서 처음 편 가르침이 "모든 사람은 행복을 원하고 고통을 바라지 않는다."는 것이었다. 그는 그 멀리 비행기를 타고 가서 "모든 사람은 행복을 바라고 고통을 원하지 않는다."고 말했던 것이다. 또 다른 강연회에서도 같은 말을 했고, 가는 도시마다 "모든 사람은 행복을 원하고 고통을 바라지 않는다."는 말을 반복했다. 나는 달라이 라마가 무엇인가 잘못하고 있다고 생각했다. 그의 강연 내용이 올바른 것이라고 해도 그렇게 여러 차례 같은 말을 반복한다는 것에 무척 놀랐다. 그러나 그의 강연은 매우 정확한 것이었다! '나' 자신을 매우 소중하게 생각하는 것처럼, 다른 사람들을 이해하기 위해서는 지금까지와는 전혀 다른 인식과 세계관을 세울 수 있는 통찰력이 필요하다. 그러한 인식이 완전히 자기 것이 되었을 때, 다른 사람에 대해 '자기 자신'과 분리된 개체로서 대하지 않고 '자기 자신'과 많은 공통점을 가진 '어떤 사람'으로 만날 수 있다. '자기'가 아는 '그 사람'을 느끼기 시작한다. 확실하게 자신이 아는 모든 사람에 대해 느끼기 시작한다.

10년 동안 달라이 라마의 강연을 통역하기 위해 함께 여행하면서, 나는 그가 가장 중요한 내용을 영어로 직접 말했기 때문에 불가사의에 가깝게 많은 것을 얻었다. 그의 메시지를 반복해서 들을 수 있었기 때문이었다. "모든 사람은 행복을 원하고 고통을 바라지 않는다."는 말을 수천 번 반복해서 들었지만, 싫증이 나기보다는 '그래 나는 이러한 태도를 완전히 내 것으로 만들어야 한다.'는 생각이 들었다. 나는 개인적이고 실질적인 차원에서, '모든 사람은 행복을 바라고 고통을 원하지 않는다'는 것을 완전히 내 것으로 만들겠다는 의지를 한 순간 한 순간 실천해야 한다는 사실을 이해했다. '당신'이 머리가 아프면 두통을 없애고 싶은 것처럼 다른 사람들도 그렇다는 사실을 떠올려 보라. 일부러 두통을 원하는 사람이 누가 있겠는가.

명상 : 모든 사람과 공통된 기반 찾기 – 평등심

우리는 습관적으로 다른 사람의 고통에서 행복을 느끼기도 한다. "그는 그렇게 고통을 받을 만해!" 그렇기 때문에 우리는 자비심을 기를 만한 가치가 있다는 쪽으로 인식을 바꾸기 위해서는 가장 먼저 그것을 어떻게 변화시킬 것인지를 알아야만 한다. '내' 친구의 고통에서 행복을 느끼지는 않지만, '나'의 적이 고통을 받는다면 우리는 즐거워한다. 이 사실은 명확하다. 적도 아니고 친구도 아닌 '나'와는 관계가 없는 사람들의 고통에 대해서는 별다른 관심을 갖지 않는다. 우리가 모르는 사람이 병원에 입원했다거나 죽었다거나 하는 기사를 보고 나서도 바로 다음 기사로 눈을 옮긴다. 그러나 모든 생명에 대해 동등한 자비심을 일으키는, 즉 부처나 보살의 자비심을 갖기 위해서는, 적이거나 전혀 관계가 없는 사람들이거나 모든 생명은 다 '나'와 가장 절친하고 훌륭한 친구만큼 가까운 관계라는 사실을 깨달아야 한다. 이러한 인식을 위해서는 모든 생명들을 평등하게 존중할 수 있어야 한다. 대도시에 살면서 우리는 이웃에 누가 사는지도 모르는 경우가 많다. 그러나 실제로는 그들을 매우 잘 알고 있다. 내 이웃에 있는 사람들은 행복을 원하고 고통을 바라지 않는다. 이처럼 행복을 원한다는 점에서 모든 생명이 비슷하다는 사실을 깨닫는 것은 결코 추상적인 일이 아니다. 매우 구체적이고 현실적이다. 사람은 누구나 자기 자신의 코 안에 털이 있다는 사실을 알고 있고, 그것을 통해 다른 사람들도 다 코 안에 털이 있다는 사실을 알 수 있다. 이런 사실을 깊이 생각해 보는 것도 의미가 있을 것이다. 그러나 정말 중요한 것은 '우리 모두가 항상 행복을 원하고 고통을 바라지 않는다'는 사실이다. 우리가 명상을 통해 '우리 모두는 행복을 원한다'는 사실에 대한 깨달음을 갖기 시작할 때, 그 길은 바로 우리가 다른 사람의 변화에 상호 작용을 하는 것이다.

자비심을 기르는 첫 번째 단계는 먼저 당신이 아는 사람, 즉 친구에 대해 깊이 생각해 보는 것이다. 그리고 그 다음에는 친구도 아니고 적도 아닌 아무런 관계도 없는 사람에 대해 관조하고, 점차 당신의 적들에 대해 깊이 생각해 보는 것이다. **명상 수행을 하면서 이렇게 깊이 생각한다. '내가 행복을 원하고 고통을 바라지 않는 것과 똑같이, 이 사람도 행복을 바라고 고통을 원하지 않는다.'** 이 일차적인 명상을 평등심 또는 평온한 마음이라고 한다. 평등심은 다른 사람들과의 관계에서 '모든 사람은 누구나 다 동등하게 행복을 얻기를 원하고 고통을 제거하기를 열망한다'는 깨달음으로 당신을 이끌기 위해 필요한 것이다.

자기 자신과 다른 사람들이 동등한 존재임을 강조하는 일은 매우 중요하다. 자신과 다른 생명은 똑같이 존귀하다는 생각 없이 그저 '내가 행복을 원하고 고통을 바라지 않는 것처럼 이 사람은 행복을 바라고 고통을 원하지 않는다. 그리고 저 사람도 행복을 원하고 고통을 바라지 않는다.'고 생각하는 것만으로는 충분하지 않다. 그렇게 생각해서는 이 사람과 저 사람, 이 사람과 제3의 사람, 그리고 제3의 사람과 제4의 사람이 동등하다는 사실을 가슴 속 깊이 새길 수 없다.

그러므로 '내가 행복을 원하는 것과 마찬가지로'라는 부분에서 바로 그 점을 느껴야 한다. 그 후에 '고통을 바라지 않는다'는 사실을 느낀다. 그러면 그 느낌은 다른 사람에게로 옮겨가고 그 대상은 점차 늘어난다. '그래서 이 사람은 행복을 원하고 고통을 바라지 않는다.' 이렇게 대상이 확대됨에 따라 마음 깊이 느낀 것은 이제 비로소 하나의 인식으로 자리잡게 될 것이다. 다른 사람들에 대해 '나'와 동등하다고 확고하게 인식하는 것은, '내'가 아닌 다른 생명에 대한 근본적인 면을 이해하는 데 도움을 주고, 그때 '나'와 '다른 사람'은 완벽하게 동등해진다. 이 동등함은 매우 중요한 특징이다. 동등함은 다른 사람들과 '내'가 다르다는 사실을 없애는 것은 아니지만, 매우 중요하며 삶을 바꿔 놓을 것이다.

특정한 사람과 문제가 생기면 전혀 기억하지 못하게 되기 때문에 단지 한 번의 자비를 베푸는 것만으로는 충분하지 않다. 어떤 사람과의 관계에서 문제가 생기면 '아마도 모든 생명은 행복을 원할 것이다. 내가 행복을 원하고 고통을 바라지 않는 것처럼 모든 생명들은 행복을 바라고 고통을 원하지 않을 것이다. 그러나 너만은 나와는 관계없이 빠져 주면 좋겠다.'라고 생각하게 될 것이다.

때문에 한 사람 한 사람에 대해 '그는 나와 동등하다. 그리고 그는 행복을 원하고 고통을 바라지 않는다'는 명상을 통해 깊이 인식해야만 한다. 명상을 하면서 일생을 통해 모든 사람은 친구도 아니고 적도 아니었다고 생각하고, 또 모든 사람은 친구였다고 받아들인다. 그런데 모든 사람은 어떤 면에서 적이었다고 생각했다면, '모든 사람'이라는 대상은 너무 막연하다. 누군가를 적이라고 생각하고 불쾌하게 받아들인다면 당신은 그 사람이 완전히 '나'와 동등한 존재라는 사실을 이해할 수 없을 것이다. 만일 약간의 도움을 당신에게 준 사람이라면 어떤 특정한 상황에서는 그 사람을 인정하지 못할 것이다. 때문에 그러한 명상은 당신의 친구들이나, 친구도 아니고 적도 아닌 사람에 대해 먼저 시작하는 것이 좋다. 그 후에 친구들이나 적도 친구도 아닌 사람보다 조금 상대하기 어려운 사람, 즉 약간의 적대감을 가진 사람들에 대해 명상한다. 다른 사람의 고통을 실제로 같이 느낄 수 있어야 한다. 그리고 그 고통이 함께 닥치는 순간 명상을 하면서 그 사람과 친숙해져야 한다.

이러한 명상은 시간이 지나면 점점 나아진다. 이 단순한 원리를 어떤 사람들에게 적용하는 것이 얼마나 어려운지를 살펴보는 일도 때로는 즐겁다. '내가 행복을 원하고 고통을 바라지 않는 것과 마찬가지로, 비행기 옆 자리에 앉은 여인도 행복을 원하고 고통을 바라지 않는다. 나를 일깨운 사람은 그 여인이었다!' 라고 비행기 안에 있는 모든 사람들 한 명 한 명으로 명상의 대상을 확장시킨다. '기장도 행복을 원하고 고통을 바라지 않는다……' 당신이 약국 안에서 실제로 알지 못하는 사람들에 관해 명상을 할 때 (그들의 인간성을 깨닫는 것은 충격적인 일이다.) 계산대 너머로 당신을 가끔 바라보는 약사를 당신은 단지 깨닫는 것이다. '……그녀는 행복을 원하고 고통을 바라지 않는다.……' 이것은 감탄사로 표현할 수도 있는 간단한 사고이다.

때로 친구들에 관해 먼저 명상을 시작하면 다른 감정들이 개입할 수 있기 때문에, 우선 친구도 아니고 적도 아닌 사람들을 먼저 이렇게 간단하게 명상하고 나서 좋아하는 사람들로 옮겨가는 경우도 있다. 그러나 친구들이 '행복을 원하고 고통을 바라지 않는다' 는 사실은 받아들이기 쉽기 때문에, 친구들을 먼저 명상의 대상으로 삼아서 '나' 와 '다른 사람' 이 지닌 완벽한 동질성이 어떤 것인가를 깨닫기 위한 척도로 삼을 수 있다. 친구들의 명단을 쭉 살펴가면서 한 명 한 명에 대해 깊이 생각하고, 당신은 어떤 친구에 대해서는 잘살게 되기를 바라는 마음이 보다 강할 것이고, 또 다른 친구에 대해서는 그러한 마음이 좀 약하다는 사실을 알게 될 것이다.

이렇게 수행을 계속하다 보면 심지어 당신과 아무런 관계가 없는 사람들에 대해 '이 사람들은 행복을 원하고 고통을 바라지 않는다'는 사실을 깨닫게 된다. 감탄스러운 일이다. '아! 나와는 아무런 관계가 없는 사람들, 친구도 적도 아닌 이 모든 사람들이 다 행복을 원하고 고통을 바라지 않는가? 이 거리에 있는 사람들이 다 그러한가?' 어디에 있든지 항상 이러한 수행을 해야 한다. 모든 사람들, 이사람, 저 사람, 그들 모두는 행복을 원한다. 그 모든 사람들에 대해그러한 말을 반복하는 일은 쉽지 않다. 너무 많은 말을 해야 하고, 어떤 경우에는 확고한 인식 없이 그저 감정적으로 그 소리를 되풀이할 가능성이 높기 때문이다. 그래도 반드시 전체 구절을 다 반복해야 한다.

'내가 행복을 원하고 고통을 바라지 않는 것처럼, 프란시스도 행복을 바라고 고통을 원하지 않는다. 그리고 내 이웃인 프랭크도 행복을 원하고 고통을 바라지 않는다.'

낯선 사람에 대해 이렇게 생각하는 것을 꺼려할 이유가 없다. 체육관에서 운동을 하면서도 '기계를 이용해서 운동을 하고 있는 이사람은 행복을 원하고 고통을 바라지 않는다. 흥미롭군! 창문을 바라보고 있는 저 녀석도 행복을 바라고 고통을 원하지 않는다.' 체육관 출입구에서 우리를 살피는 그 사람들도 행복을 원하고 고통을 바라지 않는다. 이런 단계들에 점차 익숙해지고 처음 느꼈던 그러한놀라움에 적응하면 변화가 일어난다. 완전히 새로운 시각으로 세계를 바라보게 해 준다. 자명한 사실이다.

몇 해 전 내가 펜실베니아에서 강의를 할 때 한 여인이 내게 물었다. "왜 당신은 자비로워져야 한다는 사실을 그렇게 많이 반복해서 강조합니까? 당신 자신이나 그렇게 자비로움을 가지세요." 나는 "자비심을 기르는 일은 당신이 해야 하는 일일 것입니다. 아마도 당신은 자비심을 기르는 노력을 할 것입니다. 그러나 당신은 나를 위해 자비심을 기르는 수행을 하지는 않습니다. 나는 나를 위해 자비심을 기르는 수행을 합니다. 어떤 경우에는 다른 사람을 위해서도 그렇게 합니다. 나는 나를 변화시킬 수 있는 수행 방법을 원하고 있습니다."라고 답했다.

일단 어떤 특정한 사람들, 즉 처음에는 몇몇 친구들에 대해 이러한 평등심을 경험하고 그 후에는 친구도 아니고 적도 아닌 사람들에 대해 같은 경험을 하게 되고, 마침내는 당신에게 해를 끼쳤거나 지금도 피해를 주고 있으며, 앞으로도 해를 끼칠 적을 향해서도 그런 경험을 할 수 있게 된다. 그러나 처음부터 가장 강한 적에 대해 그런 태도를 가지기 위해서 노력해서는 안 된다. 우선은 약간만 적의를 느끼는 사람들부터 시작할 필요가 있다. '내가 행복을 원하고 고통을 바라지 않는 것과 마찬가지로 저런 나쁜 녀석들도 행복을 바라고 고통을 원하지 않는다.' 아니, 아니, 아니, 아니, 아니다! 당신이 느끼는 저항감은 신경 쓰지 말고 그냥 두는 것이 좋다.

미국 정부가 사담 후세인 같은 사람에게 폭탄을 떨어뜨리려고 할 때, 처음에는 그를 미친개로 만든다. 미국 관리들은 우선 후세인의 인간성을 빼앗고, 우리에게서 격리시킨다. 그러면 보통 사람들은 후세인과 전쟁을 하는 것에 동의한다. 후세인은 진정한 사람이 아니다. 그는 나와 다르다. 그러나 충분한 수행이 바탕이 된다면 그런 생각들이 든다고 해도, 결코 현명한 일이 아니라는 사실을 깨달을 수 있다. 누군가 머리가 아프다면 아무리 그가 나쁜 사람이라고 해도 두통이 없어지기를 바란다. 그렇지 않은가? 당신은 그것을 인정해야만 한다. 내가 행복을 원하고 고통을 원하지 않는 것과 마찬가지로 그 역시 행복을 원하고 고통을 원하지 않는다.

스스로를 사랑하게 되어 있는 우리는 어떤 특별한 상황에서 다른 사람들과 관련해서 자기 자신이 선택한 방식을 선호한다. 익숙한 방식에 따라 행동한다. 그리고 행복을 원하고 고통을 바라지 않는 다른 사람들에 대한 배려에 익숙하지 않다. '그' 와 '내' 가 완전히 동등하다는 사실을 인정하기 어렵게 하는 여러 가지 상황이 있다. 예를 들면 어떤 사람이 당신에게 공격적으로 "너는 그러저러한 일을 했다. 그러나 당신이 그렇게 하지 않고 이렇게 일을 처리했다면 모든 것이 다 잘됐을 것이다."라고 비판할 때, 그 사람과 내가 완전히 동등하다는 사실을 인정하기 어렵다. 이렇게 나를 공격하는 사람은 나의 행복을 통제하려고 하기 때문에, '그' 와 '내' 가 완전히 동등하다는 사실을 인정하지 않는 경우도 종종 있다.

그러나 평등심에 대해 다른 사람들이 행복을 이루기에 적합한 방식을 고려해서 그 방식을 인정하고 받아들이는 것이라고 생각해서는 안 된다. 그 반대이다. 당신은 다른 사람들이 행복을 이루는 방법을 받아들이지 않으려고 빈틈없이 노력한다. 다른 사람들이 행복을 이루기 위해 통제받기를 원한다는 사실은 애처로운 일이다. 그렇지 않은가? 어떤 것이 진정한 행복인지에 대해서는 사람들마다 다른 견해를 갖고 있다. 또한 저마다 어떤 방법이 행복을 이루는 데 가장 현명한 것인지를 결정해서 그 방식대로 행동하지만, 종종 그들이 선택하는 방법은 어리석은 것이기도 하다.

통제를 원한다는 관점에서 보면 그녀는 당신 자신과는 다를 것이다. 그러나 어떤 점에서는 그녀가 당신 자신과 유사한 점을 가지고 있다는 사실이 매우 중요하다. 그녀는 행복을 원하고 고통을 바라지 않는다. 그리고 그녀는 당신 자신과 근본적으로 다른 이유를 만들기보다는 맹목적으로 그녀를 위해 당신이 자비심을 느끼도록 할 것이다.

그녀가 진정으로 원하는 것과 그 원하는 것을 이루기 위해 엉뚱한 것에 마음을 빼앗기고 있다는 사실은 얼마나 놀라운 일인가! 그녀는 행복을 원하고 고통을 바라지 않는다. 그러나 그녀가 실제로 행동하는 것은 고통을 불러온다. 정말 슬픈 일이 아닌가? 사람들이 목적을 위해 수단과 방법을 가리지 않고 맹목적으로 집착하는 것은 보다 강한 느낌을 불러일으킨다. 이 사실은 명백하다. 그렇지 않은가?

우리가 누군가를 진짜 나쁜 사람이라고 생각할 때, 이러한 수행을 했던 것을 기억함으로써 우리 스스로를 평등심에 들게 해야만 한다. 그러면 어떤 결론이 생긴다. 잘못된 직업에 종사하거나 나쁜 일을 하는 사람을 볼 때 당신은 분노가 일 것이다. 그러나 사람은 누구나 동등하다는 근본적인 유사점을 떠올린다면 분노를 일으킨다는 사실 자체가 충격으로 다가올 수도 있다. 대부분의 사람들이 싫어하는 정치 지도자들을 보라. 좋아하는 정치가를 증오하는 사람은 없다. 누가 당신의 가장 나쁜 적인가? 젊은이들에게 마약을 판매하는 사람들은 어떤가? 모든 생명은 다 평등하다는 사실을 일깨우는 수행을 한다면, 그들 개개인을 인간 쓰레기라고 폄하하면서 '그들은 인간의 자격이 없다'고 단정할 수는 없다. 그러나 누구나 동등하다는 인식이 없다면 그들을 인간이라는 공동체에서 격리시키는 잘못을 저지르기 쉽다. 우리가 어떤 사람들을 도저히 상대할 수 없는 사람들이라고 단정해 버린다면, 그들을 함부로 대하고, 우리가 원하는 대로 어떤 짓을 해도 괜찮다고 여기게 된다. 마약 판매상들을 우리와 동등한 사람이라고 대하기 위해 스스로를 바꾸는 일은 하지 않는다. 마찬가지로 그들을 위한 어떠한 계획도 세우지 않는다. 왜냐하면 그들은 인간 이하의 종족이고 사람의 범주에 들지 않는다고 여기기 때문이다. 그러나 내가 행복을 원하고 고통을 바라지 않는 것처럼 그들도 행복이 무엇인지 알고 있고, 또 행복을 추구한다는 사실을 기억해야 한다. 그 사람들이 나 자신과 완전히 동등하다는 사실을 느끼지 않은 채 그들을 대하는 태도를 바꾸기는 쉽지 않다. 친구들 또는 친구도 적도 아닌 사람들에 대해서 동등하다고 느낄 수 있다면 적에게도 마음을 열 수 있다. 당신 스스로 적들을 향해 얼마나 마음을 닫고 있는지 또 그렇게 마음을 닫고 지내는 것이 얼마나 놀라운 사실인지를 깨닫는다면 어느 정도 마음을 열 수 있을 것이다. 그리고 마침내 가장 위험하다고 느끼는 적들을 향해서도 마음을 열게 될 것이다.

모든 생명이 행복을 추구하고 고통을 제거하기를 바란다는 동등함을 깨닫는 평등심은 사랑, 자비, 그리고 친절함을 이루는 토대이다. 평등심을 실천하는 것은 추상적인 이론이 아니라 마음으로 느끼는 것이다. 마찬가지로 부처님이 그렇게 말씀하셨기 때문에 그렇게 지키는 것도 아니다. 평등심은 모든 생명이 본래 타고난 성품이다. 행복을 원하고 고통을 바라지 않는다는 사실은 우리가 지닌 순수한 본성이다. 본래 우리의 참된 성품이 그러하기 때문에 다른 것에 의존해서 이해하거나 받아들이는 것이 아니다. 어쩌면 별다른 느낌이 없는 공허한 이론처럼 보일지도 모른다. 그러나 우리 스스로 하루 종일 행복을 이루고, 고통을 피하려는 마음으로 살아가고 있는 것이다.

부처님의 가르침에 의하면 행복을 원하고 고통을 바라지 않는 존재로 우리를 만들어 가는 어떤 것도 없다. 어떻게 우리를 그렇게 만들어 가겠는가? 또한 우리로 하여금 행복을 바라고 고통을 원하지 않는 존재로 만드는 것도 없다. 불은 뜨거운 성질을 가지고 있으며 타오른다. 이러한 것을 본성이라고 한다. 행복을 원하고 고통을 피하고 싶은 것은 모든 생명이 본래 지닌 특성일 뿐이다. 이 때문에 불교에서는 행복을 이루기 위해 노력하라고 하는 것이다. 행복을 포기하라고 하지 않는다. 다만 어떻게 행복을 이룰 것인가에 관해 보다 현명한 판단과 선택, 수행을 하라고 제안할 뿐이다.

제3장

수행의 동기

수행을 시작하기 전에 적절한 동기를 부여하라

티베트의 종교적인 의식이나 강의는 반드시 사람들에게 수행의 동기를 부여하는 것으로 시작한다. 동기가 있으면 생각보다 훨씬 많은 일을 이룰 수 있다. 어떤 일을 하고자 하는 '동기' 자체는 목적을 이루지 못했을 경우 생기는 절망과 분노 등의 감정을 가지고 있지 않다. '동기' 자체는 매우 중립적이다. 그러나 종교적인 의식이나 명상 수행에 참가하는 고귀한 행위는, 모든 생명과 존재를 이롭게 하기 위한 것이어야 한다는 숭고한 동기가 바탕이 돼야 한다. 처음 수행을 시작할 때는 방석 위에 앉든 의자에 앉든, 서서 하든 자기 자신만을 위한 경우가 많다. 때문에 수행을 시작하기 전에 가능한 한 많은 생명들을 이롭게 하기 위해 수행을 한다고 동기를 부여해야 한다. 어떤 명상 수행을 하든지 초기 단계부터 동기를 적절하게 부여하는 것은 모든 생명이 행복을 이룰 수 있도록 기여하기 위한 깨달음을 이루는 데 매우 중요하다.

명상 수행을 시작하기 전에 마음에 수많은 생명들을 떠올리고, 가능한 한 많은 생명들을 행복하게 하기 위해 수행을 한다는 동기를 가질 때 마술이 일어난다. 수행 동기를 가능한 한 많은 생명들의 행복을 위한 것으로 확장시킬 때 단 한 생명과만 연결되는 것이 아니라 수많은 생명들과 관계를 맺기 때문이다. 그렇게 함으로써 수행의 힘은 동기와 정비례해서 증가한다. 수행 초기 단계에서 인내심을 가지고 수행의 동기를 적절하게 부여해야 하는 이유는 수행 목적을 실현하는 대상이 점점 확장된다는 데 있다. **명상을 하면서 마음과 생각에 단 한 사람을 떠올리며 "나는 당신의 이익을 위해 명상 수행을 시작한다."고 말한다.** 그러한 느낌이 그 사람에게 뻗어가는 것을 경험하고, 또 다른 사람을 떠올려서 그 과정을 반복한다. 적어도 열 명을 향해 이런 과정을 되풀이하고 수행을 시작한다. 수행의 결과가 미치는 사람들은 점점 늘어난다.

먼저 가까운 이웃부터 시작한다. 이미 가까운 이웃의 행복을 바라고 있기 때문에 별의미가 없는 일이라고 단정할 필요는 없다. 다른 사람을 위한 수행 동기를 잘 간직해야 한다. 천천히 그 동기를 당신이 살고 있는 지역, 한 지방, 미국, 캐나다, 멕시코, 동유럽, 서유럽 등의 나라들로 영역을 확장해 가야 한다. 그러는 과정에서 수행의 동기가 약해지는 것을 느낀다면, 다시 대상을 줄여 수행 동기를 재확인하고, '그 밖의 모든 사람'에게로 확장시켜야 한다.

이제 수행 동기가 '많은 개인'을 넘어 '모든 생명'으로 확장된다면 수행의 목적은 애매모호해지고, 명상의 효과는 점점 약해질 것이다. 어떤 사람이 마음에 떠오른다면 자비를 기르기 위한 수행은 바로 그 사람을 위한 것이어야 한다. 이런 과정을 지나면 한 번에 여러 사람을 위해 '반드시 그들을 이롭게 하겠다'는 동기가 생겨나고, 다시 그들을 위해 수행할 수 있다. 다른 이들을 행복하게 하겠다는 이타적인 동기가 '많은 개인' '어떤 집단'을 향하게 될 때 '모든'이라는 말이 의미를 지닌다. 그러한 수행의 단계들을 거치지 않는다면 '모든' 사람을 위해 수행한다고 하는 것은 결국 '아무도 그 수행의 범위에 들어오지 않는다'는 의미를 갖게 된다. 마음에 누군가가 떠오른다면, 그는 분명히 행복을 원하는 모든 생명에 포함되어야 하지만 모든 생명에서 배제되기 쉽다.

홀로 명상 수행을 하든 다른 누군가와 함께 하든, 또는 많은 사람들과 함께 명상 수행을 하든지, 당신이 수행하고 있는 과정을 항상 살펴본다면 분명히 세계 전체에 큰 도움이 될 것이다. 물론 아직까지 당신은 그럴 리가 없다고 생각할 것이다. 어떤 장소를 정해 놓고 깊은 명상에 잠겨 수행을 하는 행위가 전체 우주와 관련이 있을 것이라고 믿는다고 해서 특정한 수행 기간 동안에 커다란 성과를 이루기는 어려울 것이다. 그렇지만 처음 수행을 하면서 부여했던 동기, 반드시 내 가족, 내 친구, 내 이웃, 내 동포, 나와 함께 호흡하는 모든 생명들을 행복하게 하기 위해 수행을 한다는 그 동기는 전체 우주에 변화를 줄 만큼 충분히 강력한 것이다. 그리고 그러한 동기에서 하는 수행은 반드시 성공하게 마련이다.

수행을 통해 이룬 가치들을 다른 생명들을 위해 온전히 바침

명상을 하고 나서 수행 기간 동안 이룬 성과들을 다른 생명들의 행복을 위해 온전히 사용하는 일은 매우 중요하다. **수행을 마치면서 가장 먼저 고려해야 할 대상은 개개인들이다. '수행을 하면서 내가 이룬 것이 무엇이든지, 어떤 소중한 것을 이루었든지, 그것은 이 사람의 이익을 위해 온전히 바쳐야 하며, 저 사람의 행복을 위해 사용해야 한다.……'** 주변에 있는 사람들과 동물들을 상상한다. 주변 사람들을 위해 그러한 가치를 헌신하겠다는 마음과 그 마음의 작용이 많은 다른 존재들과 관계를 맺게 되면, 덕행의 힘을 늘리는 강력한 방편이 된다. 그들에 대해 행복을 바라고 고통을 원하지 않는 존재라고 깊이 살펴보고, 그들을 위해 무엇인가를 해야겠다고 마음먹으면 그 힘은 불가사의하리만치 위대한 효과를 발휘한다. 수행을 시작하면서 부여했던 동기를 적절하게 조절함으로써 보다 많은 사람들이 속한 집단과 공동체를 위한 배려를 할 수 있게 된다.

수행을 시작할 때는 같은 방에 있는 사람, 또는 근처에 있는 사람들과 함께 하는 것이 좋다. 어떤 모임에 소속돼 명상을 하면 그 수행 기간 동안 이룬 소중한 가치들을 함께 수행한 도반들에게 바친다. 그 가치는 형체가 없지만 자기 자신과 세상을 바꿀 수 있는 힘을 지닌다. '그렇게 수행 기간 동안 이룬 가치는 스스로에게 큰 도움이 될 것이다.' 주변에서 함께 수행한 모든 이들에게 힘이 되어 줄 것이다. 수행 기간 동안 이룬 가치들을 '모든 사람' 이라는 추상적이고 모호한 대상을 향해 사용하려고 해서는 안 된다. 구체적이고 명확한

대상을 향하지 않는 자비심은 쉽게 사라질 수 있기 때문이다. 주변에서 함께 수행한 사람들, 수행을 하면서 자기 자신의 일부에 속한다고 깊이 느낀 개개인을 향해 그 가치를 사용할 수 있도록 해야 한다.

그렇게 수행하는 동안 이룬 자비로운 마음을 온전히 바친다고 하는 것은, 마치 천 달러를 마음에 떠오른 모든 사람들에게 고루 나누어 주는 것이 아니라 그들 모두에게 각각 천 달러를 주는 것과 같다. 수행에서 이룬 선한 능력이 많아질수록 '내'가 성취하는 행복으로 환산할 수 있는 돈은 더욱 많아질 것이다. 무엇이 우리에게 행운을 가져다 주는가? 우리에게 행복을 안겨 주는 것은 또 무엇인가? 우리의 인생을 행운으로 가득 차게 이끌어 주는 것은 또 무엇인가? 눈으로 볼 수는 없지만 스스로의 수행에서 이룬 가치들을 다른 이들에게 온전히 바치고, 거기에서 성취한 선한 힘들을 다른 이들에게 나누어 주는 것, 그것이 최상의 행운을 가져다 주는 것이다.

수행하는 동안 성취한 소중한 가치를 많은 사람들과 온전히 함께 누리는 것은 그 힘을 두 배로 증가시킨다. 다른 사람들과 함께 나누지 않는다면 수행을 통해 이룬 모든 것들은 단지 나 한 사람에게만 의미가 있기 때문이다. 그러나 열 사람과 함께 나누고 열 명에게 온전히 바친다면 그 힘은 열 배로 늘어난다. 또한 아낌없이 나누는 일은 자기 자신에게도 큰 이익이 된다. 그렇게 넉넉하게 함께 나누는 마음은 다른 사람들이 어떤 일을 하든지 영향을 준다. 수행의 성과들을 함께 나누는 마음이 보다 중요한 이유는 영적인 차원에서 다른 사람들에게 직접적인 이로움을 주기 때문이다. 수행은 홀로 하는 것이라고 말하는 이들이 많지만, 사실 매우 사회적인 행위이다.

부처님께서 열반에 드신 후 약 6백 년쯤 지나 인도에서 활동했던 위대한 학자이자 수행자인 용수 보살*은 깨달음에는 한계가 없다는 가르침을 폈다. 깨달음을 이루는 원인도 무제한적이라고 말했다. 또한 우리가 모든 존재들을 위해 실천하는 덕행이 어떤 것이든 깨달음의 원인이 되기 때문에 깨달음을 성취하기 위한 원인을 애써 모을 필요가 없다고 했다. 용수 보살은 《보행왕정론(寶行王正論, Precious Garland)》**에서 모든 생명이 고통에서 벗어나기를 바라는 원력을 세우며 그 원력 때문에 깨달음을 이루고자 하는 보살에 관해 다음과 같이 노래하고 있다.

보살들은 깨달음을 성취하기 위해
공덕을 쌓는다.
보살들이 경전이나 사유를 통해 수행하는 것은
중생의 영혼을 구제하는 복덕 가운데 하나이다.

온 우주에
하늘과 땅, 물, 불과 바람이

---

* 용수(龍樹, Nāgārjuna) : 남인도 출생. 북인도에서 당시 인도의 사상을 공부하고, 불교 특히 신흥 대승불교 사상을 연구해 그 기초를 확립했다. 8종(八宗)의 조사(祖師)라고 불린다. 주요 저서에 《중론》(4권) 외에 《회쟁론(廻諍論)》《광파론(廣破論)》《십주비바사론(十住毘婆沙論)》《공칠십론(空七十論)》 등이 있다.
** 산스크리트어로는 Ratnavali라 하고 한역하면 '보(寶)의 화환(花環)'이다. 모두 5장으로 이뤄져 있으며, 정치의 바른 도리에 관한 가르침을 담고 있다. 왕도(王道)에 대해 부처님의 가르침에 입각해 설명하고 있는 흥미로운 저서이다.

무한한 것과 마찬가지로
고통 받는 생명도 무한하다.

보살은 고통 받는 무한한 생명들을
자비로써 제도하고
그들을 깨달음으로 이끌어 준다.

이처럼 확고하게 수행하는 보살은
잠들어 있을 때나 깨어 있을 때나
모든 생명을 도와주고 구제한다.
비록 그들이 수행을 게을리 하고 안일함에
빠져 있다고 하더라도.

모든 생명은 무한하기 때문에
보살은 항상 그들을 위해
무량한 복덕을 쌓는다.

보살의 공덕은 끝이 없기 때문에
부처를 이루는 것은
어려운 일이 아니다.

보살은 영원히 이 세상에 머문다
그들이 구하려는 생명이 무한하고,

깨달음의 선한 본성이 무한하며,
보살이 베푸는 고귀한 행위들이 무한하기 때문에.

그러므로 고통 받는 생명이
영원히 이어진다 하더라도,
보살의 수행이 무한한데,
어찌 깨달음을 이루지 못하겠는가.

자비심을 기르기 위한 명상 수행을 시작하기 전에 수행의 동기를
적절하게 조절한다면 수행의 효과는 더욱 강력하게 나타날 것이다.
수행을 통해 이룬 공덕들을 모든 생명을 위해 온전하게 바칠 수 있
다면 그 힘은 오래도록 지속될 것이다.

제 4 장

죽음의 자각

자비심을 베풀기 위해서는 생명이 어떻게 사라지고, 어떻게 고통을 받는지를 알고 느껴야 한다. 이 사실을 깨닫기 위해서는 먼저 스스로의 생명이 어떻게 소멸되는지를 명확하게 알아야 한다. 또한 고통을 피하려 하지 말고 분명하게 어떠한 상태인가를 알아야 한다. 가장 근원적인 고통은 생명의 사라짐, 죽음이다. 죽음에 대해 스스로 깨달으면 모든 것을 명백하게 이해하고 받아들일 수 있다.

명상 : 죽는다는 사실은 분명하지만 언제 어떻게 죽을지는 알 수 없다

죽음을 피할 수 없다는 사실은 명백하다. 또한 한 생명이 완전히 소멸된 이후에 이번 생에서 지었던 업들의 정신적인 요소들을 다음 생으로 보내는 무엇인가가 있다는 사실도 명확하다. 죽음을 맞이하면서 도움이 되는 것은 거의 없다. 버지니아에 있는 내 좋은 집을 가져 갈 수 없으며, 돈, 모든 재산, 친구들도 함께 갈 수 없다. 심지어

내 몸도 가져갈 수 없다. 내가 나의 몸과 막 인연을 끊으려고 하는 순간, 어떤 면에서는 몸이 나와의 인연을 끊는다. 오래도록 '나'를 지켜왔던 몸이, 적어도 지난 수천 년 동안 그렇게 해 왔던 것처럼 당신을 저버릴 것이다.

우리 모두가 죽는다는 사실은 명확하지만, 언제 우리의 생명이 끝날지는 분명하지 않다. 언제 어느 때든지 죽을 수 있다. 자연적인 수명이 다 하기 전에 젊어서 죽음을 맞이할 수도 있고, 병이 들지 않아도 쉽게 세상을 떠날 수 있다. 보험 설계사들은 대체로 여성들이 남성들보다 오래 산다고 말한다. 그러나 그러한 생각이 모두에게 적용되는 것은 아니다. 만일 다음주에 죽음을 맞이하게 된다면 그때 세상을 떠날 확률은 100%이다. 70~80퍼센트는 살지도 모른다는 의미가 아니다. 오늘 길에서 갑자기 죽게 된다면, 완전히 죽는 것이다.

가치 있는 삶을 누리기 위해서는 생명이 언젠가는 끝난다는 사실을 깊이 인식해야 한다. 생명을 누리고 있는 이 시간을 보람 있게 보내기 위해서는 언젠가는 세상을 떠나야 한다는 사실에 대해 진지하게 고찰해 봐야 한다. 명상을 하면서 이 점에 대해 깊이 생각한다. **'나는 분명히 죽는다. 우리들 모두 분명히 언젠가는 세상을 떠난다. 그렇지만 언제 내가 죽을지는 알 수 없다. 언제든지 내 생명은 끝날 수 있다.'** 이렇게 죽음에 대해 관조한다면, 현재 당신이 누리고 있는 생명, 삶의 시간들은 매우 소중한 가치를 지니게 된다.

명상 : 현재 주어진 시간을 유용하게 만들기

우리는 몸과 재산을 남겨 두고 세상을 떠나야 하기 때문에 정신적인 요소들을 더 중요하게 생각할 필요가 있다. 마음속에 지니고 있는 정신적인 요소들은 나의 삶에 도움이 되거나 해로움을 주는 근본적인 원인이 된다. '카르마(karma, 業)'*는 기본적으로 두 가지 요소로 되어 있다. 첫 번째 요소는 몸과 말과 생각으로 하는 행위 자체이다. 두 번째 것은 업에 의해 마음속 깊이 남아 언젠가는 작용하게 되는 잠재적인 힘이다. 이처럼 업에 의해 마음속 깊이 새겨지는 잠재적인 요인들은 미래에 어떤 행위들을 하게 만들며, 우리를 특정한 상황으로 밀어넣는다. 이 때문에 선한 행위(선업)는 그 자체로 이익이 되며, 선한 행위에 의해 마음속 깊이 남은 잠재적인 힘은 언젠가는 좋은 결과를 낳는 원인이 된다. 그래서 업은 매우 중요하다. 업은 미래를 만든다.

당신이 과거에 지었던 업이 당신의 현재를 만든 것과 마찬가지로 업은 미래를 만든다. 티베트 사람들에게 널리 알려진 가르침 가운데 이런 내용이 있다. "과거에 무엇을 했었는지 알기 원한다면, 현재의 몸과 당신이 지금 처해 있는 상황을 보라. 당신이 지닌 육체, 당신이 지금 처해 있는 상황은 과거의 업에 의해 이루어졌기 때문이다. 미

---

* 카르마는 근본적으로 행위 전체를 가리킨다. 보통은 몸으로 하는 행동, 입으로 하는 말, 모든 생각으로 크게 나눌 수 있다. 여기에 그 행위 전체가 남기는 잠재적인 힘인 업력(業力)을 포함시키기도 하는데 이러한 잠재적인 힘은 즉각적으로 결과를 일으키기도 하고, 어느 정도의 시간이 흐른 뒤에, 혹은 다음생에서 결과를 가져오기도 한다. 결국 업은 과거에서 생겨나 현재와 미래에 걸쳐 그 힘을 발휘하고, 그 힘 때문에 결과가 생긴다. 여기에 깨달음을 이루기 위한 행위도 업으로 본다. 물론 극락정토에 왕생할 수 있는 왕생의 업도 있다.

래에 어떤 일이 일어날지 알고 싶다면 지금 당신이 하고 있는 일들과 현재 당신의 마음을 잘 살펴보라." 즐겁고 괴로운 모든 느낌들 자체는 업, 즉 스스로 지은 이전의 행위에 의해 생겨난다. 아무리 사소한 고통이나 아주 작은 즐거움도 스스로 과거에 했던 행위에서 비롯된다. 같은 업을 지은 사람들은 같은 결과를 맞이하게 될 것이다. 그러나 산들바람을 맞으면서 서 있는 것과 같은 상황을 예로 들어본다면, 우리들 가운데 몇몇은 시원하게 느낄 것이고, 어떤 사람들은 춥게 느끼는 것처럼 항상 같은 방식으로 업의 결과가 나오는 것은 아니다.

과거의 행위가 현재를 결정한다는 사실 때문에 내 스스로 현재를 바꾸는 일을 할 수 없고, 미래를 위해 어떤 일도 할 수 없다는 의미로 받아들이는 사람들도 있지만 실제로는 그렇지 않다. 업은 '행위를 한다'는 뜻이기 때문에 어떤 동기를 가지고 업을 지었는가에 따라 미래가 달라질 수 있다는 것을 의미한다. 업에 의해 현재가 만들어진다는 가르침은, 이미 과거에 지은 업 때문에 지금 내가 하는 행위들이 아무런 의미가 없다기보다는, 지금 '내'가 하는 행위와 '나'의 의지가 훨씬 더 중요하다는 뜻이다. 불교에서는 인간이 다른 존재들보다 훨씬 더 많은 의지를 가지고 있다고 가르친다. 예를 들면 동물들은 인간처럼 업을 짓고 그 영향력을 쌓지는 않는다. 인간은 어떤 의도를 가지고 행위하기 때문에 그 영향력이 쌓인다. 결국 업에 관한 가르침은 스스로의 미래를 책임지기 위한 것이다. 또한 누구도 예외 없이 스스로 과거에 지은 업에 의해 현재의 상황이 만들어진다는 사실을 받아들이고 행동하도록 하는 가르침이며, 보다 나은 길을 만들기 위한 지식을 활용할 수 있도록 하기 위해 베풀어진 가르침이다.

우리가 현재 처한 조건은 격리된 사회가 아니라 과거에 했던 스스로의 행위에 의해 이루어진다. 모든 불행의 원인을 사회적 구조에서 찾는 현대인들과 불교의 사고방식은 매우 다르다. 현대인은 대부분 '조금이라도 사회를 조절할 수만 있다면 모든 것은 잘될 것이다.' 라고 생각한다. 스스로 맞이하는 불행에 대한 책임을 사회에 돌리는 태도는 사회적 구조를 고착화시키는 데는 도움이 되지만, 스스로 맞이하는 불행의 책임은 우리 스스로 져야 한다. 불교에서 과거에 지었던 업의 영향을 강조하는 것은, 어떤 행위를 할지 결정하는 순간에 작용하는 각자의 의지, 각자가 선택한 그 동기의 힘이 갖는 중요성을 부각시키기 위해서이다. 업에 관한 가르침이 스스로 선택하는 의지의 중요성을 훼손하는 것은 아니다. 그래서 업을 짓는 사람의 의지와 스스로 선택한 업의 결과가 중요한 것이다. 어떤 행위를 하면서 사람들은 스스로의 의지를 사용하고, 그렇게 지은 업은 반드시 결과를 낳는다. 우리 스스로 길을 만드는 것이다.

그러므로 스스로 수행을 하면서 능력이 다른 사람보다 조금 뒤쳐진다고 생각된다면 그저 '나' 는 능력이 부족하다고 간단히 포기하지 말고 보다 현명해지기 위한 수행의 방편들을 활용할 필요가 있다. 다른 사람들에게 많이 질문하거나 사전을 근처에 두고 수행해야 한다. 지혜의 화신인 문수 보살*을 향해 초나 등을 밝히고, 문수 보

---

* 문수 보살은 석가모니 부처님을 보좌하는 지혜의 화신이라고 한다. 오른손에는 지혜의 칼

살의 진언(眞言)*을 암송하라. "옴 아 라 파 자 나 디"**라는 문수 보살의 진언을 소리 내어 여러 차례 반복하라. 그리고 끝에 있는 "디"는 할 수 있는 만큼 많이 반복해서 암송하라.

살아 있는 동안은 현재 상황을 보다 나은 쪽으로 바꾸기 위한 노력을 할 수 있다. 나이 많은 사람이 젊은 사람보다 먼저 죽게 된다거나 아픈 사람이 건강한 사람보다 일찍 생명이 다할 것이라고 누가 확신할 수 있겠는가? 동료 교수 두 명과 함께 통풍, 신경암, 심장병, 당뇨 등을 한꺼번에 앓고 있는 노교수의 병문안을 간 적이 있었다. 나는 그에게 남아시아 연구 센터를 위한 기부금을 요청할 생각이었으나, 병상에 애처롭게 누워 있는 모습을 보고 그냥 병문안만 하고 병실을 나왔다. 병원 현관을 나오면서 함께 갔던 교수에게 이런 말을 했다. "누가 먼저 죽을지 모른다. 우리 셋 가운데 한 명이 저 노교수보다 먼저 세상을 떠날지도 모른다." 내 말을 듣고 같이 병문안을 갔던 동료 교수들은 어리둥절해 했지만, 나중에 내 말이 현실이 되어버렸다. 온갖 병이 몸을 괴롭히던 그 노교수보다 젊은 교수 한 명이 먼저 세상을 떠났다.

을, 왼손에는 지혜를 상징하는 청련화를 들고 있으며, 위엄과 용맹을 상징하는 사자를 타고 있다.

* 진언(眞言)은 글자 그대로 참된 말이다. 보통은 부처님에 대한 기도와 찬탄을 상징적으로 나타낸 말을 가리킨다. 티베트 불교에서는 이 진언을 소리 내어 외고, 진언 자체에 대한 명상을 함으로써 해탈에 이를 수 있다고 본다. 이 가르침을 따르는 종파가 바로 진언종이다. 진언은 참된 말, 참된 의도를 상징적으로 표현한 것이기 때문에, 성취할 수 있는 힘을 지니고 있다. 보통 주문이라고 하지만 어떤 왜곡된 힘을 사용해 목적을 이루려고 하는 주술이나 주문과는 명백하게 다르다.

** om a ra pa ja na dhi : 옴(om)은 종교 의식 전후에 암송하는 신성한 소리이다. 본래는 그렇다는 순응을 상징한다. 힌두교에서는 a, u, m의 세 글자가 합한 소리라고 하는데, 각각은 탄생과 생명의 유지, 소멸을 나타낸다. 불교에서는 법신과 보신, 화신의 의미가 있다.

명상을 하면서 이 사실을 깊이 들여다본다. **언젠가 세상을 떠난다는 사실은 명백하다. 그러나 내가 언제 죽을지는 불확실하다. 때문에 나는 지금 살아 있는 동안 이 소중한 기회를 잘 활용해야 한다.** 사람으로 살아가는 이 기회가 얼마나 소중하고 귀한 것인지를 인식하고 잘 살아가기 위한 업을 쌓아야 한다. 내가 처한 상황, 내 미래를 결정짓는 가장 중요한 요소는 사회적인 지위나 재산이 아니라 스스로 짓는 업이다.

마음속 깊이 잠재된 힘으로 남아 있는 많은 업들은 한꺼번에 폭발하지는 않는다. 그림에 사용된 저마다 다른 색깔들처럼 한 화폭에 함께 화려하고 선명하게 나타날 수는 있지만 각각 지닌 특성을 유지한다. 어떤 업들은 지금 내가 살아가는 이 순간에 작용하기도 하고, 가까운 미래에 결과로 나오는 업이 있는가 하면 아주 먼 미래에 작용하는 업도 있다. 스스로의 의지 또는 서원(희망)은 어떤 업이 작용하고 어떤 업이 작용하지 않는가에 따라 상당 부분 달라진다.

삶은 윤회한다. 태어나고 자라고 늙고 병들고 죽는 삶의 과정은 그때마다 다른 상황에서 여러 차례 반복된다. 윤회를 하는 과정에는 의식적으로 지었든 무의식적으로 행했든 과거에 짓지 않았던 업이나 행위는 전혀 개입하지 않는다. 업에 의해 형성된 정신적인 요소들, 잠재적인 힘은 마음속 깊이 머물고 있다.

업의 힘이 작용하면 과거에 했던 일을 반복해서 하게 된다. 지금 행동하고 있는 방식과 과거에 지었던 업은 일종의 조화를 이루고 있다. 과거에 지은 업은 현재의 행위를 하게 하는 조건이 된다. 그것이 바로 습관이다.

업이 가져오는 또 다른 결과는 당신이 누군가에게 저질렀던 행위가 당신에게 그대로 나타난다는 것이다. 살생을 하면 누군가에 의해 목숨을 빼앗긴다. 어떤 티베트 스님은 결혼에 대해, 부부가 서로에게 쉽게 해를 끼칠 수 있는 상황으로 자신을 밀어넣는 업이 될 수 있다고 설명했다. 자녀들에 대해서도 똑같은 방식으로 끔찍한 묘사를 했다. 사실 아이들은 부모에게 해를 끼치기 쉽다. 부모가 과거 생에서 다른 사람들에게 해를 끼쳤기 때문에, 당신에게 해를 입었던 그 사람이 자녀로 환생해 당신을 해칠 수 있는 그런 상황을 만든다는 것이다. 정말 끔찍한 일이 아닐 수 없다. 이런 관점에서만 본다면 윤회는 정말 피하고 싶어진다.

업이 일으키는 세 번째 효과는 환경적인 요소인데, 각자 지은 업은 그에 상응하는 물질적인 환경을 결정한다. 예를 들면 분쟁을 일으킨 사람은 어떤 생명도 자라기 어려울 정도로 건조하고 온통 바위로 둘러싸인 지역에 태어난다.

끝으로 업의 잠재적인 힘은 완전히 새로운 삶을 가져오기 때문에 '성취하는 것' 이라고 표현한다. 이 마지막 힘은 윤회가 가능할 것이라고 믿지 않는 사람들에게 삶을 변화시키는 경험으로 작용할 수 있다.

이렇게 업의 잠재적인 네 가지 결과는 결국 우리 스스로에 의해 생겨나고 또 우리들에게 발생하는 미래를 만든다. 그러나 업의 힘이 일으키는 결과는, 스스로 지었던 업으로 인해 이러이러한 결과가 발생할 것이라고 생각하는 것보다 훨씬 가변적이다. 보다 깊은 차원에서는 '자아' 와 '타아' 를 구분하지 않는다. 예를 들면 꿈에서는 자기와 다른 사람들이 쉽게 바뀌는 것을 우리는 경험한다. 때로는 꿈을 꾸면서 우리 스스로의 불쾌한 생각이 구체화된 악령과 같은 존재에 의해 쫓겨 다니기도 한다. 우리 스스로의 행위는 미래의 우리 자신과 우리에게 일어나는 것을 함께 형성한다. 그렇기 때문에 우리가 지금 짓는 업, 현재의 행위를 특별히 살펴야 한다. 업의 힘은 우리 스스로가 의지하는 대로 만들어지기 때문에 마음을 써서 행동하는 데 가능한 한 많은 주의를 기울여야 한다.

달라이 라마가 처음 런던을 방문해서 웨스트민스터 성당에서 강연을 했을 때였다. 그는 13세기에 세워진 그 빼어나고 장엄한 건축물을 보고 "이 성당은 내 마음에 그리 다가오지 않습니다."라고 말했다. 나는 이 표현이 과연 외교적으로 어울리는 말인가 걱정하며 크게 놀랄 수밖에 없었다. 그런데 그는 이렇게 덧붙였다. "지금 내게 가장 흥미로운 것은 여러분이 마음을 다해 행동하는 것입니다." 그때 청중들은 아무런 반응도 하지 않았으나, 내가 그랬던 것처럼 그들도 어떤 형식에도 얽매이지 않는 달라이 라마의 솔직함을 이해했으며, 달라이 라마의 연설에 깊은 감명을 받았을 것이라고 생각했다.

또 한 번은 미국에서 장엄하게 지어진 매우 크고 아름다운 사찰을 방문했을 때의 일이다. 사찰 건물을 부러워하다 못해 시기하는 사람도 있었는데, 만찬장에서 누군가 정말 대단한 사원이라고 감탄의 말을 했다. 그러자 달라이 라마는 재빨리 말했다. "이 사찰에 다니는 사람들이 어떻게 수행을 하는지 혹시 알고 있습니까?"

명상 : 평등심과 참회를 통해 반복되는 악행 끊기

죽음에 대한 자각은 외부의 상황들보다는 자신의 내부를 더 들여다보게 한다. 스스로 하는 행위들이 미래를 만든다는 사실을 깨닫게 되면 자연스럽게 과거에 지었던 좋지 않은 업의 과보를 바꾸려고 하게 마련이다. 결국 부처님의 가르침을 믿고 따르는 사람들은, 다른 생명들이 고통에서 벗어나 잘 살게 되기를 원하는 수행을 하는 과정에서 자기 자신도 윤회를 극복하는 인연을 쌓게 된다. 윤회는 선하고 악한 업이 일으키는 과보이며, 통제할 수 없는 업의 잠재적인 힘이 일으키는 과보이다. 윤회를 벗어나기를 바라며 업의 과보를 바꾸기 위해 노력하면서 이미 마음속 깊이 새겨진 부정적인 습관들을 바꾸고 긍정적인 힘들을 활용해야 한다.

어떻게 하면 윤회를 벗어날 수 있겠는가? 평등심과 참회는 윤회를 끊는 데 결정적인 역할을 하는 방편이 된다. 평등심과 참회는 업이 남긴 힘에 대해 강력하게 작용하기 때문이다. 평등심을 철저하게 수행하고 다른 생명들을 해쳤던 이기적인 행위를 뉘우쳐야 한다. 이렇게 함으로써 자기 자신만이 가장 중요하다고 생각하게 하는 옳지 않은 태도나, 실제로 자기 자신만이 중요하다고 느끼게 하는 그런 경향을 이겨낼 수 있다. 그리고 다른 생명들을 자신의 행복을 이루는 수단이나 자기의 고통을 없애기 위한 단순한 대상으로 대하지 않게 해준다. 그런 옳지 못한 견해들을 버리는 대신, 동등한 시선으로 다른 존재들도 자신과 마찬가지로 행복을 원하고 고통을 바라지 않는 생명이라고 바라봄으로써 윤회의 고리를 깨뜨릴 수 있다. 궁극적으로 윤회를 벗어나는 것은 밖에서 주어지는 어떤 결과가 아니라 자기 스스로 열망하는 것이다. 또한 다른 생명들도 똑같이 본질적으로 윤회를 벗어나기를 열망하고 있다는 사실을 바탕으로 삶을 영위하는 것이다.

스스로의 정신 구조를 바꿈으로써 업의 잠재적인 힘이 일으키는 결과에도 변화를 줄 수 있다. 업이 일으키는 일련의 과정과 결과에 영향을 줄 수 있도록 마음을 세우는 유일하고 분명한 방법은, 부정적인 업의 결과들이 나타나기 전에 그것을 바꿀 수 있는 힘을 키울 수 있는 수행을 시작하는 것이다. 일단 악한 업의 잠재적인 힘이 작용해 그 결과들이 나타나기 시작했는데도 과보가 어떻게 나타나는지 전혀 모르고 있다면 그 힘의 작용을 바꾸기 어렵다. 이미 업의 힘이 작용하기 시작한 후에는 어떤 일들이 일어나고 있는지를 알아차려서 갑작스럽게 마음을 가라앉히기는 쉽지 않다. 그러나 그 이전에 다른 사람들이 어떻게 행복을 원하고 고통을 바라지 않는지에 관한 명상 수행을 반복한다면, 마음은 언제 분노가 생기고 언제 분노의 힘이 누그러지는지를 알 수 있는 힘을 갖추게 된다. 마음이 그러한 힘을 갖게 된다면 적어도 분노가 지속되는 시간을 줄이고 분노에 대해 '이것은 옳지 않다'고 느끼는 감각은 강해질 수 있다.

평등심을 이루는 명상 수행을 통해 다른 이들에 대한 친숙함을 기른다면 어려운 상황이 닥쳐 와도 이겨낼 수 있다. 이미 수행을 통해 강한 능력을 마음속 깊이 갖추게 되며 고통스러운 상황에 맞닥뜨릴 때 그 힘을 발휘해 상황을 개선할 수 있다. '나를 우선시하는' 습관적인 방식 그리고 결코 상황을 개선하는 데 효율적이지 않은 평소의 방식을 벗어나, 어떤 문제가 닥쳤을 때 사람들과의 관계를 활용해 해결하는 방식에 점점 익숙해져 갈 것이다.

　진정한 참회는 지은 죄와 죄의 영향력을 없애고 다른 이들에게 또는 스스로에게 해가 되는 행위를 더 이상 하지 않을 수 있도록 해 주는 방식이며, 업을 근본적으로 소멸시킬 수 있는 방편이다. 자신 또는 다른 이들에게 해가 되는 업이란 과거에 지었던 업이 일으키는 과보에 상응하는 고통과 반복적이고 습관적으로 지었던 업을 가리킨다. 참회*나 후회는 과거에 지었던 부정적인 업이 일으키는 나쁜 과보들을 이겨내기 위한 네 가지 과정의 두 번째 단계이다. 이것은 스스로 악한 행위를 했음을 고백하고, 나쁜 업을 지었음을 밝히며, 참회하고, 앞으로는 그러한 행위들을 하지 않겠다는 의지를 세우고, 덕행을 하는 것이다.

1. 스스로 나쁜 행위를 했음을 고백함

　명상을 하면서 깊이 관조한다. '나는 그 행위를 했다. 내가 그러한 행위를 했다는 사실을 직시해야 한다. 이미 저지른 악한 행위를 되돌릴 수는 없다. 그러나 그 행위를 한 사실을 후회하며, 다시는 그러한 악한 행위를 하지 않을 것이다.' 자기 자신이 행했던 나쁜 짓을 고백하는 일은 죄를 푸는 첫 번째 단계이다. 아무 때나 그렇게 하

---

* 참회(懺悔) : 참은 용서를 구하는 것이고 회는 죄를 지은 것을 후회하는 것이다. 부처님 당시 교단에서는 보름에 한 번씩 모여서 참회 의식인 포살(布薩)을 했다. 이때 계율의 모든 조항이 낭독되는데 죄가 있을 때는 스스로 고백한다. 죄를 견책하는 비구는 견책을 할 때 첫째는 죄를 지은 시간에 따라, 둘째는 진실로써, 셋째는 부드럽게, 넷째는 모두의 이익을 위해, 다섯째는 자비심으로 이야기해야 한다.

는 것이 아니라 잘못된 행위를 저질렀을 때 고백을 해야 한다. 잘못된 행위를 했다는 사실을 감추려고 해서는 안 된다. 그러한 사실을 감추는 일은 죄를 더욱 키우는 것이며, 악한 업이 지니는 좋지 않은 힘을 더욱 강하게 하는 행위일 뿐이다. 나쁜 짓을 한 사실을 감추는 것은 계속해서 악한 행위를 하는 것과 다르지 않다.

악한 업의 과보를 바꾸기 위해서는 무엇보다 우선해서 그 일을 했다고 반드시 고백해야 한다. 다른 사람들 앞에서 죄를 고백하는 것은 단순히 '내가 이러저러한 잘못을 했구나.' 하고 스스로 인정하는 것을 넘어서, 자신이 지은 나쁜 업을 완전히 드러내 알리는 것이다. 어떤 행위를 했던 사실을 감추는 대신 드러내야 한다. 달라이 라마는 죄의 고백에 대해 기록을 완전히 파기하는 것과 같은 효과를 발휘한다고 했다. 고백을 통해 나쁜 업의 잠재적인 힘이 마음속 깊이 자리하고 있다는 사실을 발견할 수 있다. 고백과 참회는 악한 힘이 갖는 능력을 완전히 없애거나 뿌리째 없애는 일이며, 그 힘을 약화시키는 기능을 한다.

고백은 증오에 대한 해독제로 작용한다. 악한 행위를 감추는 일은 실제로 '내'가 잘못을 저질렀는지 아닌지를 모르는 사람들에 대해서도 스스로를 격리시키는 행위가 된다. 대부분 사람들은 자신이 잘못을 저질렀던 사실을 알고 그로 인해 자신의 정체를 파악하는 사람들을 미워하게 된다. 이미 드러난 행위들 가운데 일부는 현재의 증오심과 과거의 증오심에 의해 저지른 것이다. 그리고 악한 행위를 저질렀다는 사실을 인정하지 않는다면 미래에도 증오를 불러일으킬 것이다. 몸과 입과 마음으로 지은 악업들을 밝히고 드러내지 않는다면 그 업들의 힘은 매일 매일 조금씩 강해진다. '죄를 지었음을 느끼고도 그 사실을 인정하지 않고 감추려고 하는 사람들은 그 악한 업의 힘을 키운다.'

몸과 입과 생각으로 짓는 옳지 않은 행위들은 밖으로 드러내야 한다. 스스로 지은 악한 업에 관해 영적인 스승에게 고백할 수도 있지만, 일반적으로는 부처님 상이나 고귀한 존재의 상(보살상) 앞에서 지었던 업을 고백하고 드러낸다. 지나온 삶의 전 과정을 통해 지었던 악한 행위들을 하나하나 다 드러내야 한다. 그렇게 하려면 시간이 필요하다. 그리고 함께 수행하는 도반들에게 자신의 악업을 고백하는 방법도 있다. 어떤 길을 선택하든 스스로 지은 악한 행위들을 고백해서 드러내고 그 업이 자신을 지배하는 것을 멈추도록 해야 한다.

2. 참회

수행을 통해 깊이 들여다보라. **'내 스스로 그런 나쁜 행위들을 했다는 사실을 후회한다. 그리고 매우 슬퍼한다.'** 참회는 이처럼 스스로 악한 업을 지은 사실에 대한 후회를 마음속 깊이 체험함으로써 근본척으로 그 업의 영향력을 해체하는 것이다. 참회는 그 자체로 반드시 고귀한 행위는 아니며, 어떤 의미에서는 덕행과는 거리가 먼 일일 수도 있다. 악행뿐만이 아니라 덕행까지도 후회가 가능하기 때문에, 참회를 한다고 해서 반드시 그 결정이 올바르다고는 할 수 없다. 예를 들면 가난한 사람에게 무엇인가를 기부하고도 뒤에 그 사실을 후회한다면 그 참회는 바르지 못한 것이다. 왜냐하면 자비는 본래 덕행이기 때문이다. 어떤 것이 덕행이 아닌가? 자기 자신 또는 다른 이들에게 고통을 불러일으키는 행위는 고귀한 행위가 아니며, 즉각적으로 또는 미래에 고통을 주는 행위는 올바른 행위가 아니다. 지금은 즐겁고 바른 것으로 보이는 행위가 먼 미래에는 고통을 줄 수도 있다.

때때로 나는 친구들에게 거친 행동을 했던 젊은 시절의 이야기를 하면서, 겸연쩍은 웃음으로 그 고약한 행위들을 얼버무리곤 했는데, 이것은 참회와 그러한 악한 행위들에 대해 반성하는 나의 인식이 부족했다는 사실을 증명한다. 이 사실을 통해서, 나는 같은 상황이 닥치면 다시는 나쁜 일들을 반복하지 않을 것이라는 진정한 반성을 하기가 쉽지 않다는 것을 발견했다. 해가 갈수록 참회의 수행이 어떻게 결실을 맺어가는지를 살펴보는 것도 흥미로운 일이다.

앞서 말했지만 나는 청소년 시절에 많은 나쁜 짓을 해서 사람들에게 충격을 주었다. 누구든지 어떤 방식으로든 사람들을 놀라게 하거나 불안하게 할 수 있다. 아마도 나와 내 친구들이 그런 짓을 했을 것이다. 자동차 문이 열려 있으면 라디오를 부수고, 차체를 긁거나, 연료 탱크에 설탕물을 부어 차를 고장내고, 공원으로 차를 몰고 질주한다거나, 차를 얻어 타려는 사람들을 놀라게 하고, 툭하면 싸움을 해대고, 신호등을 뽑아버리거나, 남의 집에 초대를 받지도 않고 불쑥 불쑥 들이닥치는 등 그야말로 수없이 나쁜 짓을 해서 사람들을 놀라게 했다. 노부인이 길을 걷고 있을 때 바로 옆으로 차를 몰기도 하고 등 뒤에 바짝 붙어서 운전을 해서 놀라게 하거나, 심지어는 차 옆으로 밀어붙이기도 했다. 그 부인은 분명 크게 놀랐을 것이고, 우리는 달아나는 그 부인을 보면서 큰소리로 웃어댔다.

왜 그렇게 사람들을 놀라게 했을까? 아마도 마음이 뒤틀려 있었기 때문일 것이다. 성장하면서 우리를 얽어매는 많은 규칙들을 벗어나고 싶어 하는 과정에서 마음이 비뚤어졌을 것이다. 나이가 들면서 '내가 행복을 원하고 고통을 바라지 않는 것과 마찬가지로 다른 사람도 행복을 바라고 고통을 원하지 않는다'는 사실에 대해 깊이 생각하면서, 어린 시절의 철없던 짓을 후회하기 시작했다. 내 친구와 내가 서로 성공하기를 기원해 주었던 것처럼 그 부인도 전생에서는 나의 가장 친한 친구였을 것이다. 그러나 지금 이 생에서는 그녀는 행복을 원하고 슬픔을 바라지 않지만 기력은 쇠약해지고, 아무도 도와줄 사람이 없는 상황에 처했고, 결국 나와 내 친구들이 저지른 그 몹쓸 짓 때문에 나쁜 관계를 맺게 됐다. 참으로 슬픈 일이 아닐 수 없다!

어떤 행위를 한다는 것은 갈림길에 접어드는 것과 같다. 어떤 일을 하고 나면 이미 한 길을 선택해서 접어드는 것이다. 그때 행한 일은 스스로에 대한 지배력을 갖는다. 만일 그 행위가 바르지 않은 행동이었다면 잘못을 고백해서 드러내며 참회를 하면 그 악업의 힘은 줄어든다. 과거를 되돌릴 수는 없다. 이미 완전히 지나간 일이다. 그러나 과거 행위로 인한 영향력과 결과를 줄이거나 혹은 그 힘을 강하게 할 수는 있다. 때문에 잘못을 고백하고 참회하는 일은 강력한 힘을 갖는다.

3. 앞으로 악행을 반복하지 않겠다는 다짐

죄가 과거에 저질렀던 행위들에 대해 걱정하는 것을 의미한다면 별다른 도움이 되지 않는다. 불교는 죄를 강조하려고 하는 것이 아니라, 앞으로 죄를 짓지 않겠다고 스스로 주의하겠다는 다짐을 하기 위해 참회를 가르치는 것이다. 과거에 했던 어떤 잘못을 다시는 반복하지 않겠다고 약속하기 위해 참회를 하는 것이다. 어떤 경우에는 스스로 저지른 잘못에 대한 완벽한 보상이나 회복이 가능할 수도 있다. 예를 들어 재산상 피해를 입힌 경우라면 보상을 할 수도 있다. 그러나 어떤 행위나 업은 이미 완전히 지나가서 어찌할 수 없는 경우도 있다. 예를 들면 어떤 상점에서 일을 하지도 않고 대가를 받아 갔다면 되돌려 줄 수는 있다. 그러나 시간 자체를 낭비했다면 아무리 후회한다고 해도 되돌릴 수는 없다. 그렇기 때문에 이제 할 수 있는 일은 이미 저지른 바르지 못한 행위의 결과에 맞서겠다는 결정을 하는 것이고, 윤회를 벗어나기 위해 다짐을 하는 것이다.

명상을 하면서 깊이 관조한다. **'옳지 못한 행위는 욕망이나 증오에 의해 생겨났다. 그것은 분명히 잘못된 것이며, 미래에 다시 이러한 일을 반복하지 않기를 서원한다. 나는 결코 다시는 이런 짓을 되풀이 하지 않을 것이다! 나는 분명히 미래에 이 짓을 반복하지 않겠다.'**

십 년 전에 나는 그렇고 그런 것과 싸웠다. 그것은 내가 당시 할 수 있었던 유일한 행위였다. 그러나 지금 내가 아는 사실은 오늘 저지른 악한 행위를 다시는 반복하지 않을 것이라는 사실이다. 나는 결코 그 일을 반복하지 않을 것이다.

4. 덕행

　나쁜 업과 악한 행위로 인한 과보를 바꾸는 힘을 키우는 최후의 방편은 잘못을 고백하고 참회하는 것이다. 그리고 과거에 저지른 악한 행위들에 대한 해독제로서, 누구에게나 자비를 베풀고, 걸인에게 무엇인가를 주며, 훌륭한 가르침이 담긴 경전을 읽음으로써 과거에 행했던 옳지 못한 일들을 반복하지 않겠다는 의지를 분명히 하는 수행을 통해 과거의 행위와 업으로 인한 과보들을 풀어낼 수 있다.

　죽는다는 사실은 분명하지만 시간은 정해져 있지 않다. 언제라도 죽을 수 있다. 때문에 살면서 가치 있는 일들을 할 수 있는 기회를 잘 활용해야 한다. 위에서 말한 명상 수행을 하루에 5분에서 10분 정도라도 실천해야 한다. 잘못된 행위에 대한 고백, 참회, 심지어는 참회와 고백의 힘을 감소시킬 수 있는 바른 행위마저도 반복하지 않겠다는 의지를 가지고 명상을 해야 한다. 이미 옳지 않은 방식에 익숙해진 우리는 그러한 명상을 매일 매일 반복해서 수행해야 한다. 실현이 가능할 것이라고 생각하는 만큼 행동한다면, 감각으로도 느낄 수 있을 것이며, 결국에는 실천하고 말겠다는 의지와 현실이 완전히 일치할 것이다. 그러나 결코 쉽지는 않다. 명상 수행을 해야 한다.

| 제 5 장 |

두려움과 맞서기

자비는 모든 생명들이 고통과 고통의 원인에서 자유로워지기를 바라는 마음이다. 때문에 자신의 삶과 다른 이들의 생활이 얼마나 많은 감정들을 일으키는지를 살펴 깨닫는 일은 매우 중요하다. 즐거움과 고통, 즐거움도 아니고 고통도 아닌 중립적인 감정들은 불교에서 매우 중요한 개념으로 설해지는데, 개개인과 사건에 어떻게 반응하는지 중요한 기준이 되기 때문이다. 진정한 자비를 베풀기 위해서는 감정들이 어떻게 우리들의 마음을 지배하는지 이해하는 데 장애가 되는 것들을 극복해야 한다.

경전에서는 사람들이 스스로 과거에 지은 업에 맞춰 지옥이 생겨났다고 설명하고 있다. 이 가운데 내가 가장 싫어하는 지옥은 바로 쇠톱으로 몸을 자르는 벌을 받는 지옥인데, 이 지옥에서는 '당신'이 테이블 위에 묶여 있고 누군가 다가와서 몸에 여러 개의 선을 긋는다. 8개, 16개, 32개, 이런 식으로 선을 긋고 벌겋게 달아오른 강철톱으로 그 선을 따라 몸을 자른다. 이렇게 끔찍한 광경을 묘사한 목적은 무엇이겠는가? 우리를 움츠러들게 만드는 것은 무엇인가? 나는 이 경전을 읽으면서 몸이 움츠러들었고, 아마 여러분들도 끔찍하다고 느꼈을 것이다. 그 가르침의 목적은 무엇보다도 우리가 이미 겪었던 공포, 두려움을 상징적으로 묘사하기 위한 것이다. 그리고 우리가 과거에 지은 업으로 인해 어떤 고통들을 받게 되는지를 알려주기 위해서이다. 지옥을 강조하는 가르침은 마치 스님들이 "당신은 입회비를 내고 우리 수행 그룹에 동참해야 한다. 그렇지 않으면 지옥에 떨어질 것이다."라고 강요하는 것처럼 보일 수도 있다. 그러나 스님들은 그런 것을 말하고자 하는 것이 아니다. 스님들은 윤회하는 존재들의 상태를 설명하고, 우리가 맞이하게 되는 상황은 마음에 달려 있다는 사실을 지적하기 위해 지옥을 묘사한 것이다. 나는 어떤 사람들이 그 끔찍하게 뜨거운 쇠톱에 몸이 잘리는 고통을 받았는지 모른다. 그러나 분명히 톱으로 온몸이 잘리고 찔려 죽은 사람들이 있다. 우리는 극한의 고통을 외면하려 하고 그 고통에서 가능한 한 멀어지려는 경향이 있기 때문에, 지옥의 묘사는 우리 스스로 그러한 상황에 처해 있다는 사실을 떠올리게 하는 효과가 있다. 또한 자비를 베풀어야 하는 대상인 다른 생명들에게 범죄를 저지르고 고통을 준다면 그처럼 끔찍한 과보를 받을 것이라는 사실을 두려워해 악업을 저지르지 않게 하는 효과도 있다.

사람들이 쇠톱으로 몸을 잘리는 장면을 상상하면서 충격을 받는다면, 그런 끔찍한 상황이 얼마나 빨리 평등심이나 자비심을 잃게 하는지에 대해 알 수 있다. 참으로 엄청난 두려움을 불러일으킬 것이다. '나를 여기서 내 보내줘! 나는 이런 끔찍한 일을 보고 싶지 않아.' 이런 상황은 동시에 분노를 일으킨다. '이것은 도대체 무엇인가? 여기서 일어나고 있는 상황은 무슨 일인가?' 그러므로 최상의 수행자, 자비심을 가진 수행자들은 상상할 수 있는 극한의 고통을 마음으로 느낄 수 있게 해준다. 사람들은 지옥을 묘사해 놓은 경전을 읽고 아귀*의 고통을 알 수 있다. 자신을 공격하는 사람들을 생각하고, 누군가 와서 그들의 몸에 선을 긋고 그 선에 따라 몸을 자르기 위해 톱을 들고 있는 그 자리에 누워 있다고 상상하고, 자신들이 그 벌을 받을 것이라는 공포를 느낀다. 그렇게 될 때 사람들은 공격하는 사람들에게 느끼는 공포를 자비로 바꿔 나가기 시작한다. 거기에서 증오의 뿌리를 없앨 수 있다. 이런 경지를 이루기 위해 수행자들은 자신에게 일어나는 모든 상황들을 하나하나 깊이 들여다보고 명상해야 한다.

우리는 즐거움을 원하고 고통을 원하지 않는다. 그러나 우리는 자주 고통을 향해 줄달음질치며 즐거움에서 스스로 멀어진다. 끔찍한 상황이 방금 끝나도 다시 반복해서 비슷한 상황이 일어나도록 행동한다. 경전에서 내가 가장 좋아하는 내용은 바로 다음과 같은 지옥을 묘사한 부분이다. 물론 스스로 지은 업에 의해 만들어진 지옥 가운데 가장 끔찍한 곳에서 벗어날 때는 완벽하게 구제된다. 당신이 언덕 아래 서 있는데 언덕 위에서 한 친구가 "그 아래서 무엇을 하고

---

* 아귀(餓鬼): 본래는 단순히 죽은 사람의 영혼을 의미했다. 뒤에 불교에 도입되면서 굶주려 죽었기 때문에 음식을 기다리는 영혼으로 생각되었다. 여섯 가지 윤회 세계 가운데 한 곳인 아귀도에 사는 자를 가리키기도 한다. 복덕을 짓지 않고 죽은 자가 여기에 해당하는데, 늘 굶주림과 목마름의 고통을 받는다. 가끔 음식물이 들어와 먹으려고 하면 불꽃이 일어나 먹을 수 없으며, 위는 산만한데 식도가 바늘구멍만해서 늘 배고픔에 시달린다고 한다.

있는가? 어서 이리로 올라와!"라고 외친다. 그래서 당신은 정상을 향해 올라가지만, 그 산은 강철로 만들어진 날카로운 칼날로 되어 있다. 살은 칼날에 사정없이 베어 나가기 시작한다. 가까스로 정상에 도착했는데 이번에는 친구들이 괴물로 변해서 당신의 머리를 물어뜯는다. 너무도 고통스러워 당신은 기절한다. 이 내용은 마치 살면서 맺게 되는 사람들과의 관계와 비슷하지 않은가?

그러나 이야기는 여기서 끝나지 않는다. 당신은 다시 살아나고, 언덕 아래를 내려다본다. 당신의 친구는 언덕 아래에 있다. "그 위에서 무엇을 하고 있는가? 어서 내려와!" 그래서 당신은 그 언덕에서 내려오고 다시 당신의 살은 칼날에 베어진다. 이 지옥을 칼산지옥*이라고 한다. 당신은 누군가와 즐거운 관계를 맺고 있지만 그 관계는 결국 고통스러운 공포가 된다. 당신은 또 다른 즐거운 관계를 맺기를 바라고, 그것은 견딜 수 없는 공포로 변한다. 당신은 다시 반복해서 다른 관계를 추구한다. ……나는 우리들 대부분이 이렇게 끊임없이 관계를 찾아다니면서 한꺼번에 스스로를 소진하며, 때로는 여러 차례에 걸쳐 기진맥진하게 만드는 방식이라고 생각한다.

명상 : 자비와 평등심을 키우기 위해 두려운 상황을 깊이 관조하기

끔찍한 광경들을 그린 내용을 읽으면 업의 과보에 대한 걱정이 일

---

* 칼산지옥에 있는 칼날은 혀, 즉 입으로 지은 업이 모여 칼날이 되었다고 한다. 이와 비슷한 지옥으로 도인로(刀刃路)라는 곳이 있는데, 큰길에 칼날이 꽂혀 있고, 발을 딛으면 피부와 살이 모두 끊어져 내리고, 다리를 들면 다시 회복된다. 걸음을 걸어야 하는데 결국 한 발 한 발 옮길 때마다 온몸이 찢겨나가는 고통을 반복해서 받는다.

어난다. 그런데 그러한 끔찍하게 두려운 상황은 자비심을 키우는 데 기여하기도 한다. **칼산지옥에 빠진 사람들을 명상하며 깊이 관조한다. 그러면 당신의 마음에서 그 사람들을 향해 뻗어가는 한 줄기 빛이 나온다. 찬란한 색을 띤 그 빛은 칼산지옥으로 들어가 온화하고 좋은 곳으로 바꾼다. 그 빛줄기는 지적으로 행동하는 두 명의 친구들에게로 들어간다.** 이것은 매우 강한 방편이다.

역시 명상 수행을 하면서 칼산지옥을 기어다니는 누군가를 떠올리고 고요하게 들여다본다. '내가 행복을 원하고 고통을 바라지 않는 것과 같이 그 사람도 행복을 바라고 고통을 원하지 않는다.' 이렇게 명상을 하면 마음을 움직일 수 있다. 칼산지옥에 떨어진 친구를 떠올림으로써 그저 홀로 명상만 하는 수행자의 마음을 그 사람을 향해 움직이게 할 수 있고, 매일 매일 만나는 친구를 위해 무엇인가를 할 수도 있다. 그렇지 않다면 당신은 지극히 냉정한 수행자에 불과할 수도 있다. 마음에 있는 여러 가지 의식의 층들을 자극하는 것은 매우 중요하다. 그리고 그런 마음의 층들을 통해 수행의 힘은 점점 확장된다. 상상이 수행의 열쇠이다.

수행을 처음 시작할 때는 가장 친한 친구들이 그런 끔찍한 상황에 처해 있다고 상상해야 한다. 그리고 그 다음에는 조금 덜 가까운 친구들, 그 다음에는 친구도 아니고 적도 아닌 중립적인 관계에 있는 사람들, 마지막으로 당신의 적들이 그런 무서운 상황을 만났다고 상상함으로써 수행해 나간다. **처음에는 그 사람이 처해 있는 일반적인 상황에 관한 이미지를 그리며 명상을 시작한다. 그리고 그 사람이 칼산지옥에 떨어져 있다고 여기고 깊이 들여다본다. '내가 행복을**

원하고 고통을 바라지 않는 것처럼 그녀도 행복을 바라고 고통을 원하지 않는다.' 당신이 그 사실을 느끼는 바로 그 시점을 잘 기억해 두고, 다음 사람을 향해 명상을 진행한다.

살면서 언젠가는 해를 주었거나 피해를 주고 있거나 또는 앞으로 당신과 당신의 친구들을 해칠 '적'을 만들게 된다. 명상을 하는 과정에서 어떤 경우에는 '적'을 찾기 위해 적과 친구의 구별이 뚜렷해지는 시기인 어린 시절로 돌아가야 한다. 때로는 어려운 상황을 생각해야 하는 경우도 있다. 그 어려운 상황에서 당신에게 적이 있는가? 30초든 5분이든 10분이 되든 어려운 상황을 생각하는 동안 마음에 떠오르는 적을 만나는지 살펴본다. 지나치게 가치 중립적인 마음이나 동정심을 가지고 수행을 한다면 당신에게 피해를 주는 사람을 적으로 여기지 않을 것이다. 그래서 당신 자신을 흔들리는 상황에 밀어넣는 것이 필요하다.

우리가 깊은 애정으로 대하는 사람이 조금만 잘못해도 그는 바로 우리의 적이 된다. 무의식적으로는 알고 있었지만 겉으로는 드러나지 않은 그 사람의 심각한 결점이 갑자기 뚜렷이 보인다. 친구들의 경우에도 그런 잘못을 하고 결점이 드러나면 적이 된다. 사람에 대한 우리들의 태도는 변화무쌍하다. 대체로 자신의 마음은 종잡을 수 없이 왔다 갔다 하지 않는다고 생각하지만, 이 수행법은 바로 우리의 관계라는 것이 사실은 마음이 변함에 따라 수시로 돌변한다는 것을 직시하는 수행법이다.

수행자들은 그 명상에 제각각 다른 반응들을 보인다. 누군가를 향해 증오심을 가지고 있다고 생각하면 특별한 육체적인 감각들을 느끼게 될 것이다. 예를 들면 누군가가 당신의 일을 방해한다면 당신은 그에게서 분노를 느낀다. 그들이 방해했다는 느낌을 갖는다면 수행이 올바른 방향으로 나가고 있다는 것을 의미한다. 당신의 적이 행복을 이루기 위해 선택했던 방식을 알면 적에 대해 동정심을 느낄지도 모른다. 가장 최근에 그 적이 당신을 방해한 일은 무엇인가? 당시 당신은 '내가 행복을 원하고 고통을 바라지 않는 것처럼, 이 사람도 행복을 바라고 고통을 원하지 않는다.'고 생각했는가? 이렇게 할 수 있다면 그 상황은 어느 정도까지는 저절로 사라질 것이다.

명상 : 예전의 고통스러운 상황 떠올리기

우리들의 감정은 다른 사람들이 실제로 지닌 선함과 악함을 과장함으로써 생겨난다. 다른 사람의 선함과 악함에 대한 정도를 과장하지 않기 위해서는, 언제 화가 났고 흥분했는지 또는 어디에서 묵묵히 고통을 견뎠는지를 생각하고, 당신을 참기 어려운 상황으로 몰고 간 그 사람도 행복을 원하고 고통을 바라지 않는다는 것을 깊이 들여다본다. 이렇게 차분히 생각하면 문제가 되는 상황을 해결할 수 있는 여러 가지 가능성이 열린다. 사실 우리들은 상황에 대처하는 나름대로의 방식을 가지고 있다.

어린 시절 형은 나보다 키가 컸고 지금도 크다. 우리는 함께 설거지를 하곤 했는데, 접시를 내가 닦고 형은 수도꼭지를 틀어 접시를 헹구거나, 호스에 달려 있는 분무기에서 나오는 물로 내가 닦은 접시를 헹구었다. 형은 가끔 분무기 대신 수도꼭지에 대고 접시를 헹

구려고 했다. 그런데 분무기를 통해 펄펄 끓는 물이 맞추어져 있으면 수도꼭지로 물이 나오는 것이 아니라 내 쪽에 있는 분무기에서 뜨거운 물이 쏟아졌다. 그래서 나는 그 뜨거운 물에 손을 데이곤 했다. 이런 일이 자주 일어났고 내게는 매우 고통스러운 상황이 벌어졌다. 나는 형에게 소리를 질렀다.

나는 이 끔찍한 기억을, 내 감정을 배제하고 객관적으로 싱크대 앞에 서 있는 두 소년이 다 행복을 원하고 고통을 바라지 않는다는 사실을 깊이 들여다보면서 그 상황을 다시 구성하기도 했다. 그렇게 하고 나면 잠시 동안은 마음이 평온해진다. 다음 단계에서 내 손에 뜨거운 물로 화상을 입힌 그 소년이 실제로는 내게 화상을 입히려고 했던 것이 아니고, '내가 행복을 원하고 고통을 바라지 않는 것과 꼭 같이 그 역시 행복을 바라고 고통을 원하지 않는다'는 사실을 생각한다. 이렇게 하고 나면 그 상황에서 다르게 반응할 수 있는 가능성을 열어 주는 느낌을 갖게 된다. 나는 이제 "형 때문에 내 손에 화상을 입었어."라고 미친 듯이 소리치지 않는다. 그 역시 행복을 원하고 고통을 바라지 않는다는 사실을 깨달았기 때문이다. 나는 형이 수도꼭지에서 분무기로 바꾸기를 원했던 그때 뜨거운 물이 나오는 손잡이를 잠갔다고 기억해서 그를 이해하도록 상황을 재구성하는 분명한 방법을 만들어 냈다.

어린 시절 그런 기억을 찾아내서 그 상황으로 되돌아가 명상한다. 그리고 현재 자신의 마음을 떠올리며 '내가 행복을 원하고 고통을 바라지 않는 것과 같이 그 역시(대상이 누구이든지) 행복을 바라고 고통을 원하지 않는다'고 깊이 들여다본다.

다음 단계로 좀더 최근에 있었던 끔찍한 기억들을 떠올려 명상한다. 어쩌면 '10년이 지났는데도 아직도 그때 그 일이 지금 일어나는 것처럼 선명하다. 그때 그 일은 정말 지금 생각해도 끔찍하고, 아직도 화가 난다'고 느낄지도 모른다. 그렇다면 10년 동안 아무 것도 배우지 못했음을 뜻한다. 평등심을 기르는 수행은 새로운 인식을 배우는 방편 가운데 하나이며, 과거의 상황들이 현재에도 똑같이 큰 영향을 주지 않게 하는 방식이다. 이 새로운 수행법을 실천해 보라. 성공하지 못할 수도 있지만, 적어도 다른 무엇인가를 시도할 수 있는 가능성을 제공해 준다. 그 시점에서 당신을 지배하는 끔찍한 상황들은 힘을 잃어 간다.

명상 : 꿈에 나타나는 괴물을 향해 평등심 확장하기

평등심을 닦는 수행은 특히 악몽을 이기는 데 도움을 준다. 꿈을 깨고 난 후에 꿈에 나타난 괴물이 당신과 같은 목적을 가지고 있다는 사실을 떠올리며 수행을 하면 큰 도움이 될 것이다. **명상을 하면서 고요하게 들여다본다. '내가 행복을 원하고 고통을 바라지 않는 것처럼 꿈에 나타났던 괴물도 행복을 바라고 고통을 원하지 않는다.'**

꿈에 나타난 괴물들은 실제로 전혀 존재하지 않기 때문에 꿈에 나타났던 대상을 생명이 있는 존재로 구체화하는 것은 좀 이상하다. 그러나 그 존재도 행복을 원하고 고통을 바라지 않는다는 사실을 응시하고, 당신의 친구와 같은 존재라고 생각할 수 있도록 노력해야 한다. 그리고 친구에게 자비심을 베풀듯이 악몽의 괴물들에게도 그렇게 할 수 있도록 시도한다. 그저 한 번 시도해 보는 명상이 돼서는 안 된다. '명상을 시작하면서 꿈에 나타난 괴물들이 실재하는 구체적인 대상으로 보이지 않는다면, 의미가 없다'고 생각해서는 안 된다. 바로 구체적인 대상으로 볼 수 있어야 한다. 실제로 꿈에 나타난 괴물들을 실재하는 대상으로 보는 것은 스스로 지닌 감각의 장벽을 뛰어넘어 명상 수행을 하는 데 반드시 필요하다. 그리고 꿈에 나타난 괴물들을 실제로 있는 존재라고 여기고 그들도 행복을 바란다고 명상하면, 그가 주는 두려움이 흩어져 사라지는 것을 느낄 것이다.

우리가 꿈에 괴물로 등장하는 복합적인 존재가 지닌 힘을 제거하려고 애쓸 때, 평등심은 괴물이 주는 두려움을 해결하는 데 도움이 된다. 당신이 그러한 사실을 믿지 않는다고 해도 그 힘은 작용한다. **명상을 하면서 깊이 관찰한다. '꿈에 나타난 끔찍한 괴물도 나와 마찬가지로 행복을 바라고 고통을 원하지 않는다. 그렇기 때문에 이 괴물도 행복을 이루고, 고통으로부터 자유로워질 것이다.'**

히틀러나 스탈린처럼 실제로 역사에 등장했던 악몽과 같은 존재들을 떠올려 본다. 그들은 다른 사람들에게 극심한 고통을 줌으로써 행복을 이루겠다는 매우 이상한 생각을 가지고 있었다. 비록 그들이 광란의 상태에 있었거나, 어리석었으며, 사리 판단을 하지 못했거나 정신 착란 상태에 빠져 있었다고 해도 그들도 나와 마찬가지로 행복을 원하고 고통을 바라지 않았다. 그들은 비록 선한 방법으로 행복을 구하려고 하지는 않지만, 고통을 받았을 때 그들도 구원 받기를 원했다. 그들은 진실을 깨닫기에는 너무 맹목적이고 왜곡된 생각으로 행복을 이루려고 했다. 그러나 그들 역시 생명을 지닌 존재들이었다.

그들과 같이 매우 악한 사람들이나 분노를 느끼며 비열한 짓을 하는 우리들은 다 같이 '다른 사람들이 행복을 원하고 고통을 바라지 않는다'는 것을 깨닫지 못한다는 사실을 이해하면 여러 가지로 도움이 된다. 이러한 이해를 바탕으로 분노를 가진 우리들과 마찬가지로 그들 또한 매우 강한 번뇌를 일으키는 감정들의 영향을 받았다는 친숙함을 느낄 수 있다.

일정 기간을 정해서 평등심을 키우기 위해 이렇게 끔찍하고 고통스러운 상황들을 활용하는 명상을 하게 되면, 점차 평등심의 감각과 그 마음은 모든 사람에게로 확장될 것이다.

| 제 6 장 |

삶

명상 : 윤회 놀이

일생을 통해 우리가 알거나 만나는 사람은 친구, 적, 친구도 아니고 적도 아닌 중립적인 사람들이다. 환생을 믿거나 믿지 않거나 관계없이 윤회 놀이를 해보자. 환생이 실제로 있다고 믿고 있다면 윤회에 대한 명상 수행은 쉽게 이루어질 것이다. 환생은 실제로 일어나는 일이 아니라고 생각한다고 해도 윤회 놀이를 할 수 있다. 영화를 보면서 영화 속의 상황을 마치 실제라 여기며 감정을 일으키는 것처럼, 지금 스스로 마음속에 어떤 것들이 일어나는지를 보기 위해 어떤 감정을 만든다.

명상 수행을 하면서 깊이 들여다본다. 다섯 번째 전생에서 나는 이집트에 살고 있었으며, 조그만 가게 주인이었다. 나는 몇 명의 친구와 몇몇 적, 그리고 친구도 아니고 적도 아닌 사람들과 관계를 맺고 있다.

반드시 이집트가 아니어도 좋다. 그저 어떤 나라를 선택하면 된다. 그 장면을 떠올리고, 거기에 있는 당신의 모습을 느끼면 된다.

환생이 실제로 일어난다면, 현생에서 가장 친한 친구가, 다섯 번째 전생에서도 가장 친한 친구였겠는가? 그럴 가능성은 거의 없다. 지금 생에서 가장 친한 친구는 다섯 번째 전생에서는 거리에서 마주치고도 무심하게 지나쳤거나, 어쩌면 무시했을 수도 있는 그런 친구도 아니고 적도 아닌 사람일 수도 있지 않겠는가? 당신은 그에 대해 그다지 주목하지 않았을 것이다. 이번 생에서 당신이 아프다면 당신의 친구는 매우 염려하고, 친구가 아프다면 당신 또한 깊이 걱정한다. 그런데 이 사람이 여섯 번째 전생에서는 당신의 적이었을 수도 있지 않겠는가?

이번 생을 사는 동안에도 친구였던 사람이 적이 되기도 하고, 적이었던 사람이 친구가 되는 경우도 있다. 이번 생에서 전에는 적이었다가 지금은 친구가 된 사람이 있는가? 우리에게 사랑을 주었던 사람이 매우 화를 내는 경우도 있고, 온몸으로 내게 적대감을 드러내는 사람도 있다. 그러므로 현재의 생에서 당신이 거부 반응을 보이거나 무관심하게 대하는 사람은 전생에서는 가장 좋은 친구만큼 가까웠거나 최악의 적들처럼 거리가 먼 사람들이었다. 시작도 없이 윤회가 일어난다는 사실이 이해되는가?

러시아는 미국의 가장 강력한 적이었다. 내가 한창 성장할 무렵인 1940년대와 50년대에 그들은 가장 분명하고 거대한 적이었다. 그러나 오늘날의 러시아는 다른 국가와 마찬가지로 미국의 우방이다. 중국은 2차대전 중에는 미국의 가까운 우방이었다가 한국 전쟁 동안에는 적이었다가, 현재는 정치적인 우방이라고 할 수 있다. 비록 중국은 티베트에 대해 극단적으로 잔인한 정책을 펴고 있지만, 미국은 그러한 사실들을 무시하고, 우방으로 대접하고 있는 것이다. 정치적 입장을 바꾸는 일은 매우 쉽고, 개인 간의 관계만큼이나 맹목적이기도 하다.

베트남 전쟁이 한창이던 시기 《타임》지는 파리를 할머니로 생각하고 보살피는 베트남 사람들에 관한 기사를 실었다. 그 기사는 베트남 사람들을 우스꽝스러운 짓을 하는 사람으로 묘사했다. 티베트의 사찰에서는 파리가 날아다니면 파리를 잡아 문 밖으로 데려가 놓아 준다. 인도에 사는 티베트 사람들은 부드러운 플라스틱 상자로 파리가 다치지 않게 잡고, 많이 모이면 문 밖으로 상자를 가져가 놓아 준다. 그들이 이처럼 다른 생명들을 조심스럽게 다루는 모습을 상상해 보라. 《타임》지의 기사는 바로 이러한 점을 놓친 것이다.

헤아릴 수 없이 많은 세월 동안 윤회를 거듭하면서 지금 당신의 가장 친한 친구는 예전에는 파리였을 수도 있다. 어쩌면 당신에게 불친절하고 무관심한 사람들이 최상의 친구였을 수도 있다. 다른 사람을 대하는 태도는 이런 가능성을 염두에 두고 바꾸어야 한다. 맑은 날에는 친구였다가 비가 내리면 친구가 아닌 사람도 있다. 그러므로 친구와 적, 친구도 적도 아닌 사람들은 상황에 따라 늘 변화하게 마련이다.

항상 친구인 사람은 없다. 물론 그 사람은 과거에 늘 친하게 지냈던 사람이다. 그러나 윤회하는 삶의 전 과정을 돌이켜보면 여러 차례 적이기도 했던 사람이다. 이러한 윤회는 끊임없이 이어지기 때문에 가장 친한 친구가 여러 차례 가장 최악의 적이었을 수도 있다는 사실을 이해할 수 있다. 처음에는 '이런 방식으로 명상을 한다면 모두를 적으로 만들고, 우정을 뒤흔들어 놓는 것이 아닌가?' 라는 생각이 들 수도 있을 것이다. 사실 모든 사람은 과거 생을 통해서 또는 이번 생에서라도 지난 세월을 통해 가능한 종류의 관계를 다 맺었기 때문에 우리의 적일 수도 있다. 그렇다고 우리가 모든 사람을 적으로 대해야 하는가?

또 과거에 모든 사람들이 친구도 아니고 적도 아니었다면, 어떻게 우리가 지금 느끼는 대로 그들을 받아들일 수 있는가? 당신은 모두에게 무관심한가? 이렇게 명상을 하는 방식은 처음에는 공격적인 것처럼 보이는 존재 그 자체를 향해 자비심을 기를 것을 요구하는 것이다.

그렇게 명상을 하는 과정에서 처음에는 먼저 모든 사람을 평등하다고 인식해야 하며, 그 후에 모든 사람에게서 친숙함을 느껴야 한다. 만일 그런 과정이 마음속에서 시작된다면 모든 관계에 대한 기존의 사고방식이 완전히 바뀌겠지만 쉽지는 않을 것이다. 명상을 하는 과정에서 당신에게 아무런 느낌도 없다면 그저 말에 그치는 것이다. '모든 사람은 친구였고, 모든 사람은 친구도 아니고 적도 아니었으며, 모든 사람은 적이었다. 모두 친구가 되자. 이것은 위대하다. 우리는 모두 다른 사람을 각자 사랑한다.' 그 후에 우리는 그들이 어떤 관계에 있는지 또는 어떤 존재인지에 대한 싸움을 끝낼 것이다.

친구도 아니고 적도 아닌 사람들에 관해 생각해 보라. 최근 고속도로에서 당신 옆을 지나는 누군가를 보았을 것이다. 그는 요란하게 차 소리를 내며 지나쳤을 것이다. 그 사람은 분명히 적도 아니고 친구도 아니다. 또는 슈퍼마켓 계산대에 있는 사람을 생각해 보라. 그 사람은 과연 전생에 나의 친구였을까? 그가 전생에 친구였다는 사실을 받아들이기는 쉽지 않을 것이다. 그러나 사실은 친구였을 수도 있다. 최소한 당신은 지금 만나고 있는 친구도 아니고 적도 아닌 사람이 분명하게 친구가 아니었다고 말할 수 없다. 그래서 과거 어느 때에 그 사람은 당신의 실패를 마냥 즐거워했을 적이었을 수도 있다.

　적은 친구도 적도 아닌 중립적인 사람들과 마찬가지로 전생에 친구였을 가능성이 높다. 시간에 대해 갖는 사람의 감각은 마음을 통해 점차 확대된다. 먼저 마음에 들어오는 대상이 점점 늘어나고, 그렇게 되면 특정한 공간에 살고 있는 생명들에게로 감각이 확장되며, 다른 생명들과 맺고 있는 관계도 늘어나게 되고, 결국 과거와 현재, 미래에 걸친 모든 시간이 인식의 범위에 들어온다. 과거에 당신이 태어나지 않은 곳은 있을 수 없다. 한 번이라도 살지 않았던 공간은 없다. 어떤 특정한 지역에 대해 '나는 거기에 태어난 적이 없다'고 단정할 수 없다.

　이렇게 인식의 범위를 늘려 가면서 평등심을 기르려는 경우, 가장 먼저 친구도 아니고 적도 아닌 중립적인 사람을 대상으로 수행을 시작한다면 큰 도움이 될 것이다. 누군가를 적으로 대하며 적대감을 품었거나, 반대로 가장 좋은 친구에게 가졌던 사랑 등의 특정한 감정으로 얽혀 있지 않은 사람에게서 수행이 활기를 띠기 쉽기 때문이다. 이제 수행을 하면서 어떤 사람이 좋은 모습으로 마음에 떠오른다면 당신 앞에 있는 그 사람을 생각하거나 그가 처한 환경에 대해 살펴보아야 한다. 그런데 그 사람이 좋지 않게 생각된다면 **명상을 하면서 깊이 들여다볼 필요가 있다. '이 사람은 나의 친구였다.' 당신은 이 사실을 분명히 알 수 있다. '두 번째 전생에, 우리는 매우 가까운 사이였다.' 그리고 이 사실에 대해 분석함으로써 명확하게 이해할 수 있다. '이번 생에서 내가 가장 친한 친구와 가까운 것만큼 나는 그 사람과 친했다.'** 이 사람에 대해 실제로 친하다고 느끼면 다른 각각의 사람들에 대해서도 관심을 갖게 되고, 그들의 생각과 반응을 알고자 한다.

자비를 기르는 수행을 하면서 각각의 단계들은 말로는 쉽게 설명할 수 있지만, 실천하기는 그리 쉽지 않다. 마음은 여러 감정들 때문에 갈등하는 거대한 자석 덩어리와 같기 때문이다. 마음은 각각의 감정을 끌어당겨서 일정한 모습으로 배열해 놓는다. 그런데 자비심을 기르는 명상의 과정들은 평상시 마음의 모습들을 혼란시키는 역할을 하기 때문에 자비심을 기르기 위한 명상을 하기 어려운 것이다. 다른 장애물도 많이 있다. 예를 들면 어떤 사람이 누군가에 대해 친구도 아니고 적도 아니라는 생각을 갖게 되면, 그는 다른 사람에 대해 친구가 되거나 적이 된다. 아마도 누군가가 좋아지면 그 사람과 관계 맺기를 열망하게 된다. 그렇게 되면 누군가에 대해 친구도 아니고 적도 아닌 중립적으로 대할 수 있는 감각을 상실한다. 이제 상황은 어떻게 진행되겠는가? 이것이 평등심을 기르는 명상 수행이 어려운 이유 가운데 하나이다. 그래서 나는 어떻게 하면 자비심을 기르는 실질적인 명상 수행을 할지 그 단계들에 관해 다음장에서 설명하려고 한다.

수행에 대한 장애물을 극복할 수 있는 방법 가운데 하나가, 바로 당신이 어느 누군가에게 마음을 두는 순간 그 사람은 당신에게 도움이 되거나 해를 끼친다는 사실을 염두에 두는 것이다. 그 사람이 여자라면 그녀에게 끌리거나 매력을 느끼지 않기 때문이다. 그러나 그때 느끼는 매력이나 불쾌감은 일상적으로 느끼는 그런 감정과는 정도가 다르다. 아직까지는 명백하게 도움을 주는 존재이거나 해를 끼치는 존재가 아니다. 당신은 그녀와의 관계에 확실하게 들어가지 않았다. 이제 어떻게 그녀를 좋아하거나 싫어하게 되는지에 관해 철저히 살펴야 한다. 그 과정은 물론 친구도 적도 아닌 사람에 대해 우리가 어떤 상상을 하게 되는지, 어떠한 감정을 가질 수 있는지 그 가능성에 근거를 두고 진행해야 한다. 이런 관심들이 어떻게 우리의 태도를 결정하는지 주목해야 한다.

그러한 장애물을 극복하는 것은 매우 어려운 일이기 때문에 중립적인 감정을 애써 시험할 필요는 없다. 내게는 상점 주인이나 슈퍼마켓에서 계산을 해주는 사람들의 경우처럼, 내가 접촉을 했거나 느낄 수 있는 사람들이 가장 적합한 중립적인 사람들이다. 그것도 어렵다면 거리에서 지나치는 사람을 대상으로 삼으면 된다. 물론 당신이 알고 있는 사람들, 예를 들면 사무실에서 정기적으로 청소를 하는 사람들도 도움이 될 것이다.

아마도 전생에서 가까웠던 누군가가 지금 생에서는 어떻게 멀어졌는지 궁금할 것이다. 그러나 이런 일은 초등학교 동창회에 오랜만에 참석해서 누가 나와 가장 가까운 친구였는지 또는 누가 나와 가장 심하게 싸웠던 적이었는지를 알아내기 어려운 것과 같다. 9년 전에 나는 동창회에 참석한 적이 있는데, 누군가 나에게 "너 제프리 홉킨스 아니야?" 하고 물었다. 나는 당시 이름표를 달고 있었다. "그래, 내가 바로 제프리 맞아." "세상에, 나는 네가 확실히 제프리인지는 몰랐지만, 그럴 거라고 짐작했어." 그는 내가 바로 제프리였다는 사실을 미처 알아차리지 못했던 것이다. 그런데 더 우스운 일은 그가 이름을 말했을 때, 나는 전혀 그를 기억해 내지 못했다는 사실이다. 잠시 후에 그가 4학년 때 나와 함께 많은 생각을 공유하고, 희망을 나누던 친구였다는 사실을 기억했다.

처음 인도에 갔을 때, 몇 달 동안 턱수염을 깎았다. 그래서 사람들은 수염을 기르지 않은 내 모습에 익숙했다. 인도를 두 번째로 방문했을 때는 턱수염을 기르고 있었는데, 네팔에서 다람살라로 온 한 친구가 나를 알아보지 못했다. 2층 창문으로 내려다보면서 그의 이름을 불렀는데, 그는 힐끗 올려다보고는 길을 재촉했다. 급히 거리로 뛰어내려가 그를 불렀는데, 그는 그저 의례적인 인사만 하고 지나치려고 했다. 그래서 내 이름을 알려 주고, 예전에 그는 나를 보면 기뻐했다고 말해 주었다. 그런데도 그는 "도와드릴 일이라도 있나요?" 하고는 그냥 가 버렸다. 그는 전혀 알아보지 못했으며 깊이 생각하지도 않고 지나쳐 버렸다. 그 얼마 뒤 다시 거리에서 마주친 그는 나를 알아보고 매우 놀라워했으며, 너무도 달라 보여서 알아보지 못했다고 말했다. 그리고 나서야 그는 내가 티베트어 문법을 가르쳐 준 친구였다는 사실을 기억해 냈다.

여러 생에 걸쳐 우리는 밀접한 관계로 얽혀 있었지만 지금은 아무런 기억이 없다는 사실을 슬프게 느낄 수도 있다. 여러 생에 걸친 관계들을 느끼는 명상을 해 보라. 과거 여러 생을 통해 맺은 관계들에 대해 깊이 들여다보는 수행은 우선 친구도 아니었고, 적도 아닌 사람을 대상으로 시작하는 편이 수월하다. 우리의 마음은 상대방에 대해 느꼈던 매력이나 증오심 어느 쪽에도 고정되지 않기 때문이다. 그렇다고 해도 그런 명상 수행을 통해 어느 정도 성과를 거둔다면 매우 경이로운 일이 될 것이다.

그처럼 여러 생에 걸친 관계들을 받아들인 후에, 과거 생에서는 적으로서 내가 실패하면 즐거워하고 실제로 내가 실패하기를 바랐던 사람이 지금 생에서는 내게 도움을 주지도 않고 아무런 해도 끼치지 않는 중립적인 사람이라는 사실을 깊이 들여다본다.

'아! 내게는 적이 없다.'고 스스로 생각하며 자신을 속이기는 어려우므로 '적'에 관한 어떠한 관념도 갖지 말아야 한다. 우리에게는 항상 적이 있다. 예를 들면 매일 매일 아주 섹시한 여자만을 밝히는 녀석이 있다고 해 보자. 아마도 당신은 그의 태도에 거부감을 느껴 그를 적으로 여길 것이다. 당신은 '그러나 그가 단지 섹시한 여자만을 밝힌다고 해서 그를 싫어할 만큼, 나는 가벼운 사람이 아니야.'라고 생각할 것이다. 그렇지만 당신은 그에게 실망할 것이다. 당신이 비록 그에게 실망하면서도 일반적인 개념의 적이라고 생각하지는 않는다고 해도, 실망을 느끼는 그 순간 그는 분명히 적이 된다. 그 마음을 살피고, 그 마음을 잠시 유지한다.

명상에 관한 세미나에 참가한 한 수행자는 친구도 아니고 적도 아닌 사람이 누구인지 쉽게 이해할 수 없다고 말했다. 그래서 극장에 가서 영화를 보는 장면을 상상해 보라고 했다. 그는 상상 속의 극장에서 그가 중립적이라고 느끼는 사람들 옆에 앉아 그들과의 관계를 생각해 보고 있었는데, 그 순간 옆자리에 앉아 있던 모든 사람들이 그를 공격하는 광경이 떠올랐다고 했다. 약 2백 명이 그의 명상을 달갑게 여기지 않았던 것이다. 그는 장애에 직면했지만 명상을 계속해야만 했다.

그렇기 때문에 이러한 수행이 쉽다고 생각해서는 안 된다. 앞서 말한 대로 수행에 대해 설명하기는 쉽다. 이런 종류의 수행은 근본적으로 평등심을 기르는 마음에서 시작되고, 수행의 결과는 진정으로 다른 사람들이 행복하게 되기를 바라는 마음이라고 설명할 수 있다. 그러나 자비심을 기르는 수행을 실천하기는 쉽지 않다. 우리의 마음은 매우 깊숙한 곳에 감추어져 있으며, 여러 가지 상황에 대응해 만들어지는 요소들로 이루어져 있기 때문이다. 극장에서 옆자리에 중립적인 사람들이 앉아 있다고 상상하며 수행을 하던 그 사람은 일종의 편집증이 작용해서, 중립적인 사람들이 갑자기 적으로 느껴졌던 것이다.

옛날 학창 시절로 되돌아가 같은 반 친구들을 떠올려 보라. 친구들 가운데는 친구도 적도 아닌 어정쩡한 관계를 유지했던 경우도 있었고, 적이었던 친구도 있었을 것이다. 그런데 그들은 실제로 적이다. 나는 유치원에 막 입학했을 때 매우 놀랐다. 친구들은 '살인'이라는 말을 입에 달고 살았다. "어머니가 나를 죽일 거야.""내가 점심을 먹지 않으면 우리 엄마는 분명히 나를 죽이고 말거야.""나는 아무개를 죽이고 싶다." 그 친구들이 도대체 무슨 말을 하는지 이해할 수 없었다.

스탈린처럼 극단적으로 잔악했던 사람은 용서할 수 없으리라고 생각할 수도 있다. 그러나 당신은 과연 다른 생명들을 잔인하게 대한 적이 한 번도 없었다고 자신할 수 있는가? 나의 형은 식용 꿩 농장에서 일을 했었는데, 나는 꿩들을 죽이기 위해 돌을 던진 적이 있다. 나는 더 잔인한 짓들도 했다. 머리 속에 악한 생각이 떠오르면 지체 없이 다른 사람들에게 실제로 나쁜 짓을 했다. 스탈린 역시 그의 마음속에 어떤 악한 생각이 있었고, 나와 비교해서 보다 많은 생명들을 해치는 일을 현실로 옮길 수 있는 권력이 있었을 뿐이다.

스탈린이 수백만 명을 해친 일은 우리가 이번 생에서 저질렀던 나쁜 일과 규모가 다를 뿐이다. 그러나 당신이 모든 사람들 위에 군림했을 때는, 매우 사소한 나쁜 짓에 스물네 시간이 필요한 것과 마찬가지로 엄청난 일을 저지를 때도 똑같이 스물네 시간을 필요로 한다. 당신에게 그러한 절대 권력이 있다면 누군가에게 그저 '죽어' 라고 말하는 대신 "자, 저 지역에서 십만 명을 죽여."라고 명령할 것이다. 이런 방식을 활용해서 깊이 생각해 본다면, 당신이 매우 증오하는 사람도 당신과 마찬가지로 행복을 원하고 고통을 바라지 않는다는 생각이 빛처럼 떠오를 것이다. 그러나 종종 이런 명상을 하면서 역으로 도움이 되지 않는 대상을 활용할 수도 있다. 이렇게 극단적으로 잔인한 적을 활용할 수 있다면 마음이 편안해지고 여유를 가질 수도 있으며, 이 단계만으로도 증오심을 버릴 수도 있을 것이다.

깨달음에 방해가 되는 대상을 통해 수행하기

마음을 어지럽히는 여덟 가지 현상

증오처럼 고통을 불러일으키는 감정들에 약한 까닭은, 마음을 부추겨서 어지럽게 함으로써 수행을 방해하는 여덟 가지 습관적인 태도에 쉽게 빠지기 때문이다. 이것을 마음을 어지럽히는 특정한 감정이라고 해서 8가지 법*이라고 하는데, 좋아하고 싫어하는 마음, 이익과 손해, 칭찬과 비난, 명예와 치욕이 그것이다.

1. 좋아하는 마음 : 어떤 사람이나 상황에 지나치게 마음을 쓰는 현상. 이런 마음이 일어나면 그 사람이나 그것이 없이는 삶이 불가능하다고 여긴다. 예를 들면, 나는 커피 냉동 요구르트를 매우 좋아하는 반면 체리–초콜릿은 그다지 좋아하지 않는다. 어떤 대상에도 마음이 흔들리지 않는다면, 그 어떤 것에도 지나치게 몰두하지 않는다.

2. 싫어하는 마음 : 어떤 사람이나 상황을 견딜 수 없는 마음. 만일 싫어하는 마음이 생기면 그 누구도 당신의 마음에 담아 둘 수 없다.

3. 이익 : 특정하게 유리한 것을 완전히 내 것으로 만드는 마음. 예

---

* 팔법(八法) : 마음을 산란하게 하는 여덟 가지 현상. 이익과 손해, 칭찬과 비난, 명예와 비방, 즐거움과 괴로움이다. 세간의 팔법이라고도 하는데, 《증일아함경(增壹阿含經)》에서는 팔법을 "이로움(利), 쇠약(衰), 상처를 입힘(毁), 명예(譽), 나무람(譏), 칭찬(稱), 고(苦), 낙(樂)"의 순서로 설한다.

를 들면 월급이 오르거나 승진 등이 존재의 근거가 될 만큼 중요하다고 생각하는 마음이다.

4. 손해 : 어느 날 갑자기 내가 얻은 이익이 사라질까봐 지속적으로 걱정하는 마음. 그런데 건강이나 재산, 친구들을 어느 날 갑자기 잃어버릴지도 모른다고 매일 걱정한다고 해서 무슨 도움이 되겠는가?

5. 칭찬 : 다른 사람이 나를 부추겨 주면 어쩔 줄 모르고 마음이 붕 뜨는 현상. 사탕 하나를 얻은 아이들처럼 우리는 칭찬을 받으면 마치 온 세상을 다 얻은 것처럼 착각한다. 정말 분별없는 짓이다.

6. 비난 : 비난을 피하기 위해 헛되이 노력한다. 어떤 경우에는 누군가 내 앞에서 나를 욕할까 염려하다 병을 얻기도 한다. 상대방이 나를 비난하는 것을 피하기 위해 어떤 경우에는 방어를 하기도 하고, 어떤 경우에는 공격을 하기도 한다. ― "최상의 방어는 최상의 공격이다."

7. 명예 : 이름이 널리 알려지기를 갈망하는 마음. 내가 이 책을 써서 큰 신문에 기사가 났다. 정말 흥분 된다!

8. 치욕 : 나에 관한 나쁜 소문들이 진실일지라도 그것이 널리 퍼지는 것을 두려워하는 마음. 내 이름을 널리 알렸던 바로 그 기사가

나를 치욕스럽게 만든다. 내가 말했던 내용이 잘못됐을 수도 있고, 도움을 주려고 했던 사람들이 내 말 때문에 기분이 나빠질 수도 있다. 이 때문에 내 마음은 늘 오락가락한다. 얼마나 부질없는 짓인가!

마음을 특정한 감정으로 치닫게 하는 여덟 가지 현상 가운데 어느 한 가지라도 일어나면, 모든 사람들이 행복을 원하고 고통을 바라지 않는다는 사실을 기억하기 어렵다. 자기 중심적인 상황에 빠지면, 자기 스스로 좋아하는 것을 얻는 데 대해 방해가 되고, 피해를 주는 사람들도 행복을 바라고 고통을 원하지 않는다는 사실을 자주 잊어 버린다. 우리를 비난하고 우리가 싫어하는 것을 강요하며, 칭찬을 해주지 않으며, 명예를 훼손시키는 사람들도, ‘우리가 행복을 바라고 고통을 원하지 않는 것과 마찬가지로 행복을 원하고 고통을 바라지 않는다’ 는 사실을 받아들일 수 없다. 일단 스스로 이기적인 마음에 사로잡히면 모든 존재들이 다 평등하고 행복을 추구한다는 공통점이 있음을 조금도 염두에 두지 않는다.

수행을 방해하는 여덟 가지 마음의 현상을 조금이라도 덜어 버릴 때 모든 사람이 즐거움을 원하고 고통을 바라지 않는다는 사실을 깨달을 수 있는 가능성이 커진다. 그러면 수행을 방해하는 것을 향한 집착을 덜어 주는 평등심을 갖게 된다. 내가 냉동 커피 요구르트 아이스크림을 얻는 것을 방해하는 이 사람 또한 ‘행복을 원하고 고통을 바라지 않는다.’ 는 구절을 떠올리고 깊이 들여다봄으로써 아이스크림에 집착하는 내 마음은 줄어든다.

당신과 마찬가지로 모든 사람들이 행복을 원하고 고통을 바라지 않는다는 사실을 깨닫게 된다면 당신에게 손해가 되겠는가? 이런 사실을 깨닫는 데 방해가 되는 것은 무엇이겠는가? 바로 마음을 어지럽히는 여덟 가지 현상들이다. '만일 내가 다른 사람들을 무시하지 않는다면, 어떻게 그렇게 큰 성과를 거두겠는가? 만일 내가 다른 사람들을 존중한다면 나는 성공할 기회를 잃게 되고, 결국에는 패배할 것이다.' 당신은 이렇게 생각하고 행동할 것인가? 오히려 이익과 칭찬, 명성을 향한 집착을 포기한다면 다른 사람들로부터 우정과 존경, 친절함을 얻을 것이다. 다른 사람들이 불친절하게 대할 때 당신은 화를 낸다! 그러나 만일 자비로써 모든 이들을 대한다면 다른 사람들은 당신을 존중할 것이고, 모두가 당신에게 친절하게 대할 것이다.

당신은 약한가? 근본적으로 어리석기 때문에 때때로 자비에 대해 생각하지 않는가? 근본적으로 증오심이 있기 때문에 오히려 다른 사람들의 아픔에 대해 생각하지 않는가? 분석적이고 차가우며 지나치게 신중하기 때문에 반대로 다른 사람들이 느끼는 아픔에 대해 생각하지 않는가? 나는 반드시 그렇다고는 생각하지 않는다. 단지 몇몇 사람들에게만 자비를 베푸는 데에 머물지 않는다면 당신의 마음은 평등심을 유지할 만큼 충분히 강력한 힘을 가지게 된다. 적을 향해서도 자비를 베풀기 위해서는 강력한 마음을 유지해야만 하는 것이다.

어떤 일을 하면서 스스로 지닌 옳지 않은 생각들을 극복하기 위해 자기 자신을 격려하는 것은 중요하다. 그러나 목적을 이루기 위해 다른 사람들의 느낌을 무시해야 한다는 의미는 아니다. 오히려 마음

속 깊이 누구나 행복을 원하고 고통을 바라지 않는다는 사실을 새겨
둔다면, 목적을 이루기 위해 근본적으로 어떤 자세들을 가져야 하는
지를 알게 된다. 무지에서 벗어나 슬기로운 판단을 할 수 있게 된다.
결국 그 목적을 이루기 위해 곧바로 향해 갈 수 있는 좋은 기회를 갖
게 된다. 다른 사람들에게 피해를 주는 일은 결코 해서는 안 되며,
다른 사람들이 당신과 마찬가지로 행복을 원하고 고통을 바라지 않
는다는 사실을 깨달아야 하며, 그 깨달음을 마음속 깊이 간직해야
한다. 다른 이들과 당신이 바로 그러한 점에서 동등하다는 사실, 그
래서 더할 수 없이 서로가 가까운 존재라는 사실을 깊이 이해해야
한다. 한 발 앞으로 나아가기 위해 다른 사람들을 속이는 일은 매우
어려운 일이다.

　당신은 모든 사람들을 신뢰한다고 생각하는가? 결코 그렇지 않
다. 어리석은 일이다. 사실 당신은 필요한 경우에는 다른 사람들의
동기를 의심하는 것에 더 익숙할 것이다. 일단 당신이 그들이 행복
을 원하고 고통을 바라지 않는다는 사실을 알고 나면, 그들이 행복
을 이루기 위해 모든 것을 할 수 있으리라는 사실을 이해하게 될 것
이다.

　아직까지 쉽다고 여기는 부분이 있다면 그런 생각은 완전히 버려
야 한다. 어려운 일이다. 몹시 어렵다.

　세속적인 시각을 넘어서 다른 사람들의 성공을 함께 기뻐한다는
사실을 통해 윤회에 대해 어렴풋이 알게 되고, 전생에 그들과 헤아
릴 수 없이 많은 관계들을 맺었다는 사실을 간접적으로나마 이해할
수 있다. 간단한 예를 들어 보자. 어렵게 주차할 곳을 찾았는데 누군

가 새치기를 해서 그곳을 차지해 버린다. 왜 이 일에 손해와 이익이 결부되는가? '이봐 이 녀석아, 너는 내 자리를 빼앗았어.' 라고 생각하는 것은 소용없는 일이다. 주차할 곳을 차지한 것은 바로 그 사람의 행복이다. 그는 '나는 내가 주차할 곳을 당연히 찾은 것뿐이야.' 라고 생각할 것이다. 왜 다른 사람이 주차할 곳을 차지한 사실에 대해 기뻐하지 않는가? 불평을 늘어놓는 것은 어떤 방식으로도 도움이 되지 않는다. 그런데도 당신은 결코 포기하지 않는다. 당신은 그 자리를 먼저 찾았고, 그 자리를 향해 차를 몰고 갔다. 그런데 누군가 그곳을 먼저 차지해 버렸다. 그 사람이 주차할 장소를 찾은 사실에 대해서는 왜 기뻐하지 못하는가? 왜 그렇게 할 수 없는가? 당신이 잃어버린 것은 아무 것도 없다. 사실 당신은 주차할 장소를 발견했다는 즐거움을 빼앗겼기 때문에 좌절한 것이다. 그러나 당신의 좌절은 더욱더 당신을 불행하게 만들 뿐이다. 멀리 내다보면 그 일은 아무런 의미가 없다. 그러한 사실을 알고 느끼기 위해 노력해야 한다.

평등심을 닦는 수행은 처음에는 약해 보이고 모든 것을 포기하는 것처럼 보일 수도 있지만 사실은 그렇지 않다. 평등심을 기르는 것은 매우 강한 힘을 갖게 하며, 모든 것을 이루게 하는 수행이다. 그런 점에서 다른 사람들이 행복을 원하고 고통을 바라지 않는다는 깨달음을 유지하지 못하면 실제로 모든 것을 잃게 되며 스스로에게 커다란 손실이 된다는 사실을 이해해야 한다.

평등심을 기르는 수행은 결국 모든 사람이 다 동등하다는 생각을 가져오고 다른 사람들에게 친숙함을 가질 수 있으며, 행복을 이루려고 하는 기본적인 소망을 넘어서는 그 이상의 것을 추구하지는 않는다. 예를 들어 많은 생명을 해친 사람을 어떻게 대하겠는가? 당신은 그가 입으로 좋은 말을 한다고 해서 그가 저지른 일을 덮어줄 수 있겠는가? "그가 많은 생명을 해친 것은 단순한 실수야. 그는 많은 사람을 죽이기는 했지만, 그는 좋은 말을 해. 그는 유쾌한 만찬을 즐길 줄도 알고, ……그래서 나는 그를 좋아해." 이렇게 말할 것인가? 불가능한 일이다. 결코 그런 방식으로 일을 처리해서는 안 된다. 그가 생명을 지닌 존재이며 행복을 원하고 고통을 바라지 않는다는 것은 그저 단순한 사실일 뿐이다. 그것으로 충분하다. 그렇지 않은가? 그의 다른 선한 성품을 강조하여 그가 살생을 했다는 진실을 덮어 버려서는 안 된다.

나는 한때 언덕 기슭에 자리한 샤로테스빌 14번가에 살고 있었는데, 늘 차들이 요란한 소리를 내며 지나다녔다. 참을 수가 없었다. 명상을 하려고 하면 차들이 내는 요란한 소리가 들려 왔다. "도대체 저 차들은 왜 항상 이 길로만 다니는가?" 정말 짜증이 났다. 얼마 지나지 않아 '저기 또 다른 생명을 지닌 존재들이 지나간다. 와! 저기 생명을 지닌 존재들이 가고 있다.' 이렇게 생각했을 때 어느 정도 짜증은 가시고 약간은 즐거워졌다.

요컨대 만일 마음을 어지럽히는 여덟 가지 현상이, 당신과 마찬가지로 모든 생명은 기본적으로 행복을 추구한다는 사실을 깨닫는 데 장애가 된다면, 아마도 그 여덟 가지 현상을 깊이 살펴 극복하려고 노력하게 될 것이다. 그리고 그러한 현상들을 벗어난 자유로운 삶이란 과연 어떤 것인지 떠올리게 될 것이다. 마음을 부추겨서 명상을 방해하는 여덟 가지 마음의 현상은 즐거움과 괴로움, 이익과 손해,

칭찬과 비난, 명예와 치욕 등이다.

평등심을 기르는 수행

우리는 모든 사람을 향해 사랑을 느끼고 자비로 대할 수 있는 강렬한 느낌을 갖기 원한다. 그러나 그것을 이루기 위해서는 명상을 해서 평등심을 기르고, 모든 생명들이 동등하다는 사실을 먼저 깨닫지 않고서는 불가능한 경지이다. 그런 반면 친구들에게서는 쉽게 사랑을 느끼고 자비심을 베풀 수 있을 것이다. 그리고 친구도 적도 아닌 사람들에 대해서도 그런 마음을 가질 수 있을 것이다. 그러나 분명한 적이나 막연하게 나의 적일 것이라는 생각이 드는 사람들을 향해 그런 마음을 갖기에는 큰 어려움이 있다. 그래서 먼저 친구와 친구도 적도 아닌 사람, 적 등이 모두 동등한 사람이라는 사실을 깨달아야만 한다.

모든 사람이 동등하다는 사실을 깨닫는 데는 두 가지 방법이 있다. 모든 사람을 친구와 중립적인 사람들, 적, 이렇게 세 부류로 나누는 견고한 선입견을 깨뜨리는 첫 번째 방법이 있다. 우선 친구들에 대해 깊이 성찰하고, 그 다음에는 친구도 적도 아닌 사람들, 그 후에 적에 관해 명상하는 것이다.

내가 행복을 원하고 고통을 바라지 않는 것과 같이
나의 친구도 행복을 원하고 고통을 원하지 않는다.

마찬가지로 친구도 아니고 적도 아닌 사람들도
행복을 바라고 고통을 원하지 않는다.
또한 나의 적도 행복을 원하고 고통을 바라지 않는다.

또 다른 방법은 지금 생은 물론이고 수없이 많은 전생을 통해 맺은 사람들과의 관계를 살펴보는 것이다. 처음에는 중립적인 사람들과의 관계에 대해 깊이 들여다보고, 이어서 친구들과의 관계, 최종적으로 적들과의 관계를 성찰하는 것이다. 이번 생에서 당신에게 해를 끼친 적은 전생에서도 과연 적이었겠는가? 그렇지 않다. 윤회가 받아들여지지 않는다면 모든 생명은 윤회한다는 시각을 활용할 필요가 있다. 윤회를 활용한 일종의 게임을 즐기다 보면 당신은 어느 정도 윤회에 대해 받아들이게 될 것이다.

위에서 설명한 두 가지 방법 가운데 어느 하나는 반드시 효과가 있을 것이다.

- 당신 자신과 다른 모든 사람들은 기본적으로 행복을 이루기를 바라고, 고통을 제거하기를 원한다는 공통점을 깊이 들여다보라.

- 모든 생명은 윤회를 거듭하면서 친구가 되기도 하고, 적이 되기도 하며, 친구도 아니고 적도 아닌 관계를 가질 수도 있다. 이처럼 관계는 늘 변한다는 사실에 대해 명상하라.

그러나 단 한 번에 이러한 단계를 완성하는 사람은 없다. 두 가지 수행 방법을 활용하다 보면 점차 강한 힘을 얻게 될 것이다. 이 두 가지 수행 방법은 서로 보완적인 관계에 있다. 어느 한 가지가 잘된다면 다른 쪽도 잘될 것이다. 자비를 기르는 수행을 하다 보면 친구와 적, 중립적인 사람이라고 생각했던 완고한 마음은 점차 사라지게 될 것이다. 어떤 사람에 대해 '그는 영원한 나의 적'이라고 생각한다면 그 사람은 적으로 남게 된다. 그러한 사실을 받아들이지 못하고 영원히 적일 것이라고 단정해 버리는 태도를 극복하기 위해 노력하지 않는다면, 결국에는 친구나 중립적인 사람들을 향해서도 자비를 베풀지 못하게 될 것이다. 적이라고 단정해 버린 사람들은 항상 당신이 베푸는 자비의 영역에 들어가지 못할 것이다. 어떻게 해서든지 적들도 '내 가장 친한 친구'와 마찬가지로 행복을 원하고 고통을 바라지 않는다는 사실을 깊이 성찰해야 한다. 그러한 사실을 마음속 깊이 느껴야 한다. 이런 단계에 이르면 위대한 힘이 발휘될 것이다.

평등심을 기르기 위한 두 가지 수행법 가운데 어느 쪽이 더 맞는지 생각해 보라.

첫 번째 명상법이다.

내가 행복을 원하고 고통을 바라지 않는 것과 마찬가지로
그 사람도 행복을 바라고 고통을 원하지 않는다.

두 번째 명상법이다.

헤아릴 수 없이 많은 생을 지나 윤회를 거듭하는 동안 그 사람은 나의 친구였고, 나와는 아무런 관계도 없는 사람이었으며, 적이기도 했다.

나에게는 두 가지 명상법이 다 효과가 있으며 다른 작용을 한다.

당신이 알고 있는 모든 사람을 향해 이러한 명상을 진행해야 한다. 내가 처음 수행을 시작했을 때, 첫 번째 스승이었던 왕걀은 밤새도록 이 명상을 하게 했다.

앞서 말한 대로 일정한 단계의 명상 수행 기간이 끝난 뒤에는 반드시 그 수행 기간 동안 이룬 성과들을 다른 모든 생명의 행복을 위해 온전히 바쳐야 한다는 사실을 깊이 새겨 두어야 한다. 이렇게 스스로 성취한 결과를 모든 생명에게 바치면 집착으로부터 자유로울 수 있다. 근원적인 무지에 사로잡힌 이들을 위해 스스로 지닌 덕의 가치를 쓸 수 있다면 그 가치는 보다 위대한 힘을 갖게 된다. 이러한 과정을 반복함으로써 수행은 한 발 한 발 목표를 향한 진전을 이룬다.

이제 평등심을 기르는 수행의 단계를 배웠고, 자비를 향한 명상을 실천할 수 있는 확고한 토대가 마련되었다. 자비를 기르는 명상법은 다음 장에서 설명할 것이다.

제 **2** 단계

친구란 어떤 존재인가

친구들을 대상으로 그들 각각을 향해 마음을 집중하는 방법으로 명상을 시작해야 한다.
예를 들면 당신의 친구가 아파서 보살핌을 필요로 할 때 당신은 어떻게 하는지 깊이 살펴보라.
당신의 가장 좋은 친구는 얼마나 가까운지 차분하게 들여다보아야 한다.

제 7 장

모든 생명은 친구이다

명상 : 공통의 경험을 통해 모든 생명과 친숙해지기

생명이 있는 존재들을 어떻게 대할 것인가? 시작도 없는 시간부터 우리와 모든 가능한 관계를 맺은 그들을 우리는 적으로 간주해야 하는가? 사실 사람에게는 모두 적이 있다. 그 적은 나를 속이고 계단에서 넘어뜨려 다리를 부러뜨리기를 원하는 사람들이다. 내 스승 왕걀은 이렇게 모든 생명에 대해 생각하는 것이 길거리에서 마주치는 모든 사람을 향해 살의를 품게 한다고 지적했다. 그러나 그들이 나의 적이라고 해서 해치기는 어려운 일이다. 모든 생명은 또한 나와 무관한 사람들이다. 그들은 거리에서 마주치는 사람들과 같이 친구도 아니고 적도 아닌 사람들인 것이다. 어떤 경우에는 몇 번을 지나쳐서 서로 아는 얼굴이라고 해서 특별히 마음을 여는 관계를 맺는 것은 아니다. 그들은 단지 거리 곳곳에서 일을 하는 사람들일 뿐이다. 우리가 그들을 자주 만난다고 해도 어떠한 갈망이나 증오도 없다. 우리는 그들을 우리와 무관한 사람으로 봐야 하는가? 아니면 그들이 우리의 친구가 될 것이라고 생각해야 하는가?

20세기 초에 활동했던 티베트의 파봉카 스님은 추상적인 원리가 아니라 누구나 겪게 되는 일을 예로 들어 이렇게 설명했다. 당신의 가까운 친구가 광기에 사로잡혀서 칼을 들고 당신을 해치려고 덤벼든다면 당신은 그가 들고 있는 칼을 뺏고, 그의 마음을 본래 상태로 되돌리려 할 것이다. 칼을 뺏기 위해 적절한 방법을 사용하겠지만 그가 친구라는 생각을 지우지는 않을 것이다.

파봉카는 이것을 설명하면서 어머니의 예를 들었다. 당신의 어머니가 광기에 사로잡혀 칼을 들고 공격해 온다면 당신은 어머니에게서 칼을 빼앗으려고 하겠지만, 어머니를 때리지는 않을 것이다. 그가 이 예를 통해 말하고자 하는 것은 '아주 가깝고 밀접한 관계를 맺는다면 그 친숙함이 다른 모든 것을 뛰어넘는 강력한 힘을 갖게 된다'는 사실이다. 왜 가까운 친구가 그토록 끔찍한 짓을 하겠는가? 왜 어머니가 갑자기 당신을 공격하겠는가? 이것은 바로 수행에 장애가 되는 마음, 뒤틀린 마음에서 비롯된다.

사실 당신의 가장 친한 친구가 미쳐서 칼을 들고 당신을 죽이려고 덤벼든다면 당신은 어떻게 하겠는가? 칼을 뺏으려고 할 것이다. 그러나 친구를 죽이려고 하지는 않을 것이다. 칼을 빼앗는 과정에서 친구를 때릴 수도 있을 것이다. 그러나 칼을 뺏고 나면 친구를 더 이상 해치지는 않을 것이다. 왜? 그는 아주 친한 친구이고 가깝기 때문이다.

가장 친한 친구에게 느끼는 감정을 세상 모든 사람들에게서 느끼고, 광기에 사로잡혀 당신을 공격했던 사람을 가장 친한 친구로 대한다면 당신은 증오심을 갖지는 않을 것이다. 적절한 방법을 써서 그를 제어하려고 하겠지만 복수는 하지 않을 것이다. 증오에 가득차 그를 해치려고 하지는 않을 것이다. 그 사람 또한 당신을 친근하게 대할 것이다.

때문에 부처님의 가르침을 믿고 따르는 사람들은 자비를 위한 수행을 하면서 '나'와 무관한 사람들로 시작하지는 않는다. 강력한 대상, 예를 들면 가장 친한 친구를 선택해 수행을 시작한다. 친한 친구에게 갖는 감정은 모든 생명을 대하면서 가져야 하는 가장 이상적인 감정이기 때문이다. 당신은 어머니가 갑자기 당신을 해치려 한다고 해서 경찰서로 달려가지 않을 것이고, 어머니를 보듬어 안을 것이다. 마음속 깊이 우러나오는 친숙함, 가장 친한 친구에게서 느끼는 친밀함으로 그녀를 대하며 존중할 것이다.

과거에 모든 사람과 가까웠다면 그 관계에서는 친밀함이 가장 강력한 요소가 된다. 자기 자신과 다른 사람들이 비록 다르다는 사실을 인정한다고 해도, 친밀함은 모든 생명을 향한 사랑과 자비심을 길러야 하는 이유가 된다. 친밀함은 증오나 거리감에 우선하는 감정이다. 그러나 단순히 모든 생명을 지닌 존재들이 고통을 받고 있다는 사실을 깨닫는 것으로는 충분하지 않다. 당신은 그들이 매우 소중하다는 사실을 인정하고 그들과 친밀해지도록 노력해야 한다. 모든 사람들이 고통을 받는다는 사실을 깨닫고 그들을 소중하게 생각한다면 자비심을 기를 수 있다. 그래서 평온한 마음으로 받아들인 친구와 적, 친구도 적도 아닌 무관한 사람들을 향해 모든 사람들이 친구라는 인식으로 명상해야 하고, 그들과 진정으로 매우 가깝다는 사실을 마음에 느낄 수 있어야 한다.

친구들을 대상으로 그들 각각을 향해 마음을 집중하는 방법으로 명상을 시작해야 한다. 예를 들면 당신의 친구가 아파서 보살핌을 필요로 할 때 당신은 어떻게 하는지 깊이 살펴보라. 당신의 가장 좋은 친구는 얼마나 가까운지 차분하게 들여다보아야 한다. 이것이 바로 우리가 가까운 친구들을 대하는 일반적인 경험을 토대로 친숙함을 갖게 되는 명상법이다. **그렇게 하고 나면 보다 많은 존재들에 대해서도 이러한 느낌을 적용할 수 있다.**

무엇보다 과거의 생을 윤회하는 동안 헤아릴 수 없이 많은 친구와 적, 그리고 무관한 사람이 있었다는 사실을 깨달아야 한다. 적어도 친구가 없었다고는 말할 수 없으며, 적이 없었다고도 하지 못하고, 전혀 관계없는 사람이 과거 생 동안에 존재하지 않았다고 확실하게 말할 수 없다는 사실을 인정해야 한다. 이러한 사실을 이해한다면 모든 사람을 친구로 받아들일 수 있는 가능성이 열린다.

명상은 자신을 존엄한 존재로 만들기 위한 것이어서는 안 된다. 우리는 스스로를 너무도 소중하게 생각한다. 자기 스스로 고통 받고 있으며, 그 고통에서 벗어나기를 바라는 것에는 아무런 문제가 없다. 문제는 다른 사람을 자기 자신처럼 소중하게 여기지 않는 데에 있다. 다른 사람을 소중하게 생각하기 위해서는 수행을 해야 한다. 이런 명상을 한다.

1. 매우 좋아하는 사람의 이미지를 떠올리고, 그 사람의 이미지를

당신과는 무관한 사람의 이미지에 겹쳐 놓아라. 그리고 친구도 아니고 적도 아닌 그 사람이 친구만큼이나 소중하다는 사실을 깨달을 때까지 두 개의 이미지를 번갈아 활용하라.

2. 친구도 적도 아닌 무관한 사람들이 가장 좋은 친구만큼이나 소중하다는 사실을 받아들이게 될 때까지 계속해서 무관한 사람들의 이미지를 좋아하는 사람의 이미지에 겹쳐 놓아라.

3. 앞의 두 단계가 쉬워진다면, 이 명상법을 적에게까지 적용할 수 있을 것이다.

바로 전생에서 매우 친하게 지냈던 친구에 대해 '이 사람은 내가 증오했던 적이다.'라고 생각하는 것이 아무리 어렵다고 해도, 나를 증오했던 적을 '나의 가장 가까운 친구였다.'고 받아들이는 것이 훨씬 더 어렵고 괴로운 일이다. 아무런 관계가 없는 사람들에 관해 '단지 두 번째 전생에서 우리는 매우 가까운 친구였고, 지금은 스스로 지은 업의 힘 때문에 서로 알지도 못하고, 서로를 염려하지 않으며, 서로를 무시하고 관심을 갖지 않는다.'고 생각하는 것은 완전히 새로운 시각이며, 매우 충격적인 일이다.

수없이 많은 생을 윤회하면서 이렇게 서로의 관계가 바뀌어 왔다는 이러한 개념에 관한 근본적인 수행이 효과가 있을 것이라고 확신하는가? 나는 환생을 받아들이고, 윤회에서 벗어나려고 수행을 하기 시작하면서부터 쉽게 이러한 수행의 효과가 나타나지는 않는다고 생각한다. 그럼에도 불구하고 이러한 수행이 효과가 있을 것이라는 사실에는 확실한 근거가 있다. 그런 반면 추상적인 원리에 의존했다거나 부처님께서 말씀하셨기 때문에 그러한 사실을 받아들여야 했다면 그 효과는 하루 이틀 정도는 지속될 수 있었겠지만 근본적으로 내 마음을 움직이지는 못했을 것이다.

윤회를 인정하지 않고도 그런 가르침을 받아들일 수 있는 근거는 우리 모두가 행복을 원하고 고통을 바라지 않는다는 사실이다. 그리고 그러한 믿음이 나의 행복을 이루는 데 기여한다면, 모든 생명의 행복을 위해서도 커다란 역할을 할 것이다. 모든 생명이 다 친밀한 관계를 맺어야 한다는 당위성을 제공하는 동등성을 주목해야 한다. 14세기 후반에서 15세기 전반에 걸쳐 살았던 위대한 요가학자 쫑카파는 자비심을 기르기 위해서는 모든 생명들이 어떻게 고통을 받는지 이해해야 하며, 그리고 그들에게 친밀함을 갖는 것이 반드시 필요하다고 가르쳤다. 만일 그렇지 않다면 다른 생명들의 고통이 어디에서 오는지 알게 되더라도, 그들의 고통을 즐거워할 것이라고 경고했다. 예를 들어 어떤 적이 간암에 걸렸다면 당신은 '귀찮은 존재를 제거하게 돼서 다행이다. 그는 마땅히 병에 걸려야 했다.'고 생각한다는 것이다.

그래서 다른 생명들을 진심으로 염려하고 자비를 베풀기 위해서는 그들이 고통 받는다는 사실을 받아들이고 어떻게 괴로워하는지를 아는 것만으로는 충분하지 않다. 다른 사람이 고통을 받는다는 사실에서 당신은 행복을 느낄 수도 있고, 고통 받는 사람이 적이라면 당신의 행복은 더욱 커질 것이기 때문이다. '이 사람은 사라질지도 모른다.' 우리가 다른 생명들을 향해 갖는 친밀함이 부족하기 때문에 그런 생각을 한다. 그들이 받는 고통의 깊이를 깨닫는 것은 물론 고통 받는 이들이 적이라고 해도 우리에게 매우 소중하고 친밀한 존재라는 사실을 깊이 받아들여야 한다.

다시 한 번 정리하자면 모든 생명을 향한 자비를 베풀기 위해서는 그들이 어떻게 고통 받는지 이해하는 것으로는 충분하지 않다. 모든 생명은 나의 가장 소중한 친구만큼이나 가깝고 친숙하다는 사실을 깨달아야 한다. 다른 생명과의 친밀한 관계는 모든 생명이 다 동등하게 행복을 원하고 고통을 바라지 않는다는 사실을 깊이 살핌으로써 형성된다. 또한 윤회를 통해 헤아릴 수 없이 많은 사람과 모든 가능한 관계를 맺어 왔다는 사실을 깨달음으로써 이루어진다. 두 가지 명상을 다 수행함으로써 이루어지기도 하고, 두 가지 방법은 다른 어느 한 쪽을 보완한다. 이 두 가지 수행법은 우리 모두가 공통으로 체험하는 경험과 그 경험이 갖는 내적인 의미를 확장함으로써 의미를 지닌다.

세 가지 고통

모든 생명이 어떻게 괴로워하는지 알기 위해서는 고통에도 여러 종류가 있고, 그 정도가 다르다는 사실을 깊이 들여다봐야 한다. 가난한 사람에게 자비심을 베푸는 일은 그리 어렵지 않지만 부자에게 베푸는 일은 결코 쉬운 일이 아니다. 우리는 그들의 고통의 깊이와 정도를 이해하지 않는다. 부자들도 최소한 가난해질 모든 원인들을 지닌 사람들이다. 헤아릴 수 없이 많은 생을 윤회하는 동안 부자들도 끝없는 행동을 통해 마침내는 가난해질 요소들을 만드는 업을 쌓게 된다. 그래서 장기적으로 우리 모두는 유사성이 있는 것이다. 그러나 스스로의 통제를 넘어서는 윤회의 과정에 사로잡혀 있는 존재라는 관점에서 보면 그러한 유사성은 그다지 큰 문제가 아닐 것이다.

우리의 자비심과 능력은 그러한 상황에서 다양한 고통을 겪는다는 사실을 깨닫게 된다. 우리는 지식인이나 잘생긴 사람, 아름다운 사람, 부자, 건강한 사람 그리고 행복한 사람들에게 자비를 쉽게 베풀지 않는다. 어떤 경우에는 가난하면서 귀여운 사람에게는 무엇인가를 베풀려고 하지만, 가난하면서 외모가 떨어지는 사람에 대해서는 상대적으로 자비를 베풀기가 쉽지 않다. 또한 언젠가는 부딪치게 될 적대감을 가진 가난한 사람들에게는 더욱 어렵다. 그렇지 않은가? 그 밖에도 장애를 가진 아이들을 내세워 구걸을 하는 사람들에게도 무엇인가를 베풀기는 쉽지 않다. 그들에게 자비심을 내는 일은 정말 어렸다. 그러나 그러한 사람들이 더욱 어렵다는 점에서 그들에게는 보다 더 강렬한 자비가 필요하다.

그러면 고통에는 어떤 종류들이 있는가? 고통에는 세 가지*가 있다.

---

* 삼고(三苦) : 중생이 겪는 세 가지 괴로움. ① 고고(苦苦) – 극심한 추위나 더위, 통증, 갈증 등과 같이 몸으로 느끼는 감각적인 괴로움. ② 행고(行苦) – 변해 가는 현상을 보고 느끼는 괴로움. 예를 들면 늙음이나 병드는 것 같은 괴로움. ③ 괴고(壞苦) – 좋아하고 애착을 가진 대상이 없어짐으로써 받는 괴로움, 즐거움이나 희망이 사라짐으로써 받는 괴로움.

1. 첫 번째는 불행의 고통이다. 이 고통은 육체적이고 정신적인 아픔에 관련된 것이다. 명백한 고통이다. 그러나 모든 사람들이 이러한 고통을 당하지는 않는다.

2. 두 번째는 변해 가는 것을 보고 느끼는 고통이다. 변화로 인한 고통은 사실 불행보다 더 지독하게 괴로운 것이면서도 알아차리기 어렵다. 변화의 고통은 쾌락이 아픔으로 변하는 데서 오는 괴로움이며, 우리가 일반적으로 행복하다고 표현하는 것이 불행으로 변해 가는 괴로움이다. 어떤 대상이 궁극적으로 쾌락을 본래 성품으로 가지고 있다면 얼마나 오래 또 자주 쾌락을 느끼는지 관계없이 그것은 영원히 쾌락으로 존재할 것이다. 그러나 쾌락이 본성이 아니라면, 그것은 고통으로 바뀔 것이다. 예를 들어 피자를 원해서 먹는다면 입으로 피자가 들어가는 즐거움을 준다. 그러나 계속해서 피자를 먹는다면 얼마 지나지 않아 아플 것이다. 변화의 고통은 그처럼 단순한 경험과 관련이 있다. 성적인 쾌락도 변화의 고통에 포함되는 것이므로, 성을 너무 탐닉하다 보면 결국에는 쾌락을 느끼지 못하게 되고, 고통스럽기까지 할 것이다.

쾌락은 즐길 만한 것이지만, 다른 관점에서 본다면 쾌락은 본성에 의한 것이 아니다. 얼마든지 고통으로 변할 수 있기 때문이다. 우리는 종종 "쾌락을 누리고 있다니 얼마나 놀라운 일인가?" 하고 경탄한다. 그러나 쾌락은 빠르게 사라진다. 만일 어떤 것이 궁극적으로 쾌락이 본성이라면 왜 항상 쾌락을 주지 않는가? 왜 그러한 즐거움은 영원하지 않은가? 큰 병에 걸려 입원해 있는 사람은 상대방에게서 전혀 성적인 흥미를 느끼지 못한다. 우리가 바라는 대로 구입하는 물건들이 쾌락의 근원이라면 어떤 물건이든지 약간만 지니고 있어도 우리는 늘 만족할 것이다. 매주 새로운 것을 사들이기 위해 애쓰지 않아도 될 것이다. 이것이 변화의 고통이다.

3. 세 번째는 어떤 결과를 일으키는 외적인 원인 또는 조건에 관계된 것으로 모든 존재에게 해당하는 것이다. 이처럼 누구에게나 적용되는 조건에 관계된 고통을 깨닫기 위해서는 참으로 많은 수행이 필요하다. 외적인 조건으로 인한 고통은, 마음과 몸에 일어나는 일을 우리 스스로 통제할 수 없다는 사실과 매우 밀접하게 연관되어 있다. 우리는 보통 우리 스스로 자신에 대한 통제에서 벗어나 있다는 사실을 망각한 채 살아간다. 우리는 행복을 원하므로 행복을 이루기 위해 할 수 있는 모든 일을 한다. 그러면서 행복이라는 것이 여러 가지 조건이나 원인이 모여서 생긴다는 사실을 애써 외면하며 살아간다.

위스콘신 대학에서 불교를 가르치고 있던 내 오랜 친구가 어느 날 밤 가스보일러에 불을 붙이기 위해 지하실로 내려갔다. 성냥불을 붙인 순간 가스가 새어 나와 폭발이 일어났다. 그때 그는 잠시 시멘트로 지은 그 집에 살고 있었는데, 그런 끔찍한 일이 일어났던 것이다. 폭발 사건이 있고 난 후에 지하실 사진을 보았다. 폭발이 얼마나 강렬했던지 벽 전체가 뒤로 물러나 있었다. 그는 정신력이 매우 강한 사람이었다. 폭발이 일어났을 때 가까스로 위층으로 올라가 한 달을 괴로워하다 세상을 떠났다. 정확하게 어떤 일이 일어났는지 알 수는 없었지만, 그는 매우 강했다. 그는 운명과 타협하거나 싸움을 택해야만 했는데, 그는 맞서기로 했다. 그는 병상에서 책장을 넘기기도 힘겨울 만큼 큰 고통과 맞서 싸웠다. 단지 흰 등불만이 그를 지켜보고 있었다. 누가 그를 성냥불을 붙이지 못하도록 제지할 수 있었을까? 이것이 바로 누구나 피할 수 없는 외적인 조건으로 인한 고통이다. 이 고통은 통제할 수 없는 과정 아래 놓여 있는 고통이다.

그래서 부처님의 가르침을 믿고 따르는 사람들은 모든 생명이 본질적으로 고통을 겪는다고 이해한다. 이 고통을 세 가지로 나눌 수 있는데, 그 첫 번째는 육체적이고 정신적인 고통이며, 두 번째는 행복도 고통이 될 수 있다는 변화의 고통, 세 번째는 외적인 조건과 내적인 조건의 통제를 받고 있는 데서 오는 고통이다. 모든 생명은 세 번째 고통을 피할 수 없다. 나머지 두 가지 고통은 모든 생명이 다 피할 수 없는 것은 아니지만 대부분의 생명이 겪는 고통이다.

명상 : 모든 사람의 본보기로서 가장 좋은 친구

당신의 가장 좋은 친구는 누구인가?
우선 가장 좋은 친구라고 생각되는 사람을 마음에 떠올리고, 그다음으로 가까운 친구를 생각해 보라. 그리고 두 번째로 가까운 친구가 전생에서는 가장 친한 친구와 같았다는 사실을 깨달아야 한다. 이러한 생각을 점점 다른 사람들에게로 넓히고 그들은 당신이 여러 생을 윤회하는 동안 어느 한 번은 가장 좋은 친구들이었으며,

어떤 경우에는 여러 차례에 걸쳐 가장 가까운 친구였다는 사실을 확인하라. 그리고 친구도 적도 아닌 사람, 무관한 사람에게도 같은 생각을 적용하라. 이제 적대감이 가장 약한 적을 향해 이러한 방식을 확대 적용하고, 최종적으로는 가장 강력한 적도 전생에 어느 때 또는 여러 차례 '나'의 가장 좋은 친구였다는 사실을 인정하라.

친구들에게서 시작해 중립적인 사람들, 그리고 가장 약한 적을 대상으로 하는 이 수행법은, 누군가에 대해 전생에 가장 좋은 친구였다는 사실을 깨닫게 해 준다. 그런데 이 명상을 수행하면서 적에 대해 전생에 가장 좋은 친구였다고 받아들이는 단계를 건너뛴다면, 결국 나는 가장 좋은 친구를 잃게 된다. 대체로 '나'는 헤아릴 수 없이 많은 최상의 친구가 있었다는 사실을 인정하지 않는다. 또 내가 얼마나 오래도록 명상 수행을 해야 하는지도 모른다. 그리고 깊은 성찰을 통해서 적이든 중립적인 사람이든 그들 모두를 친구로 받아들이는 느낌을 심화시키고 활발하게 하도록 자극하지 않는다. 이 때문에 '나'는 스스로를 기만한다. 스스로를 속이면서 '나'는 현재의 적이 다섯 번째 전생에서는 가장 좋은 친구였다는 표면적인 선언에만 쉽게 만족하고, 다음 단계로 넘어갈 것이다.

그러나 두 번째로 좋은 친구를 대상으로 명상을 시작한다면 그가 최상의 친구라는 사실을 깨달아야 하고, 20년 동안이나 만나지 못했던 사람도 가장 좋은 친구로 받아들일 수 있다는 사실을 깊이 살펴봄으로써, 가장 친한 친구를 향해 갖는 동질성과 친밀감을 느낄 수 있다.

명상을 하면서 고요하게 들여다본다. 가장 친한 친구를 20년 동안 만나지 못했다고 해도 그를 매우 좋아하는 것과 마찬가지로 지금은 보다 덜 가까운 친구이지만 이 친구도 다음 생에서는 지금 생에서 최상의 친구만큼이나 가까워질 것이다.

이렇게 명상하는 방식을 유지하면서 현재의 가장 좋은 친구와 맺고 있는 관계에 대한 당신의 세심한 배려를 다른 사람에게도 적용시키기 위해 정진하고 마음의 변화가 일어날 때까지 깊이 성찰해야 한다. 마음의 변화가 일어난다면 당신은 생생하게 그 변화를 느낄 수 있을 것이고, 매우 유쾌해질 것이다. 이렇게 변화가 일어난 마음에 잠시 머물며 새로운 깨달음을 즐기고 나서, 세 번째로 가까운 친구를 대상으로 하는 명상을 시작해야 한다.

반복해서 명상을 하면서 깊이 살펴보아야 한다.

두 번째로 가까운 친구는 그 옛날 내가 가장 친하게 지냈던 친구와 같다. 세 번째 전생에서 우리는 가장 친한 친구를 대하듯 서로를 대했다.

이것을 느끼고 깨달아야 한다.

최상의 친구로서 스승을 활용할 수 있는가? 스승은 이 수행법에서 요구되는 그런 친구는 아니지만, 여러 모로 최상의 친구이다. 티베트 사람들은 어머니를 최상의 친구로 여긴다. 그러나 다른 문화권에서는 어버이의 관계가 종종 어렵기 때문에 그렇게 잘 활용하지는 않는다. 억지로 어머니 또는 아버지를 가장 좋은 친구로 삼아 명상을 할 때는 사실상 모든 사람을 적으로 대하게 된다. 왜냐하면 어머니와 아버지는 무조건적으로 한량없는 사랑과 자비를 나에게 베푸는 사람들이기 때문이다. 다른 사람들이 어머니와 아버지처럼 나를 대할 수 있겠는가? 그런 경우 가장 친한 친구를 활용해 자비심을 기르는 명상 수행을 할 수 있다.

도움이 된다는 이유만으로 가장 좋은 친구이자 최상의 조력자를 모든 생명의 본보기로 삼는 것은 이기적인 일로 보일 수도 있다. 어쩌면 그가 '나'에게 베푼 친절만을 반영하는 것으로 여겨질 수도 있다. 일반적으로 어머니든 친구이든 누군가가 다른 생명을 향해 베푸는 친절은 집착에 기인하는 경우가 많다. 분명히 잘못된 요소가 섞여 있다. 대부분의 어머니는 자신의 아이들에 대해 어찌할 수 없는 커다란 느낌을 갖는다. 자식이 위기에 처하면 곰처럼 용맹하게 달려들어 자식을 해치려는 아이를 위협한다. 그러나 그녀의 자식이 다른 아이를 해치려고 하면 그렇게 강하게 반응하지는 않는다. 적당한 선에서 자식을 꾸짖고 말 것이다. 어떤 경우에는 자식의 용감함을 칭찬할 때도 있다.

그럼에도 불구하고 어머니의 자식에 대한 감정은 집착이 아니라 친밀함이라고 강조된다. 본질적으로 어머니 또는 친구들은 '나'와 강렬한 관계를 맺고 있다. 최상의 친구로 어머니를 대하는 티베트 사람들은 우리가 전생에서 맺었던 관계의 본질을 살펴볼 수 있는 심리적인 근거를 제시한다. 자식들은 어머니에게 극단적인 집착을 한다는 사실을 알 수 있다. 아이들은 어머니에게서 보호를 받고 무한한 사랑을 받으며, 그 무조건적인 따스함을 받음으로써 어머니에게 집착한다는 사실을 보여 준다. 예를 들면 아이들은 위험에 처하면 어머니에게 달려가서 팔을 붙잡고 절대로 놓지 않으려고 한다. 다 자란 우리가 보기에는 그러한 느낌은 그리 달가운 것이 아니며, 바꾸려고 한다. 그러나 모든 생명에 대한 강렬한 느낌을 계발하기 위해서는 바로 어머니를 향한 이러한 감정들을 다시 일으켜야 한다.

12살 무렵 나는 어머니와 매우 심각한 관계에 있었다. 그래서 수행을 하면서 다른 사람들을 대상으로 삼고는 했다. 어느 때인가 적에 대한 명상을 하면서 어머니를 대상으로 삼은 경우가 있었다. 적이라기보다는 약간 골치 아픈 존재로서 명상의 대상이 된 것이다. 처음에는 약한 의미의 적으로 어머니를 향한 명상을 시작했는데, 깊이 성찰하면서 나는 어린 시절 어머니에게 거의 모든 것을 의존하면서 지녔던 감정들을 다시 느낄 수 있었다. 그리고 친구, 무관한 사람들, 적들에 대한 명상을 통해 체험했던 단계들을 바탕으로 어머니에 대한 명상을 다시 시작했다. 어머니는 갑자기 최상의 친구가 되었다. 그런데 아직도 가끔은 어머니는 적이라고 할 수 있는 사람들에 속하기도 한다.

티베트 사람들이 가장 좋은 친구의 본보기로서 어머니를 선택하는 명상은 심리적인 안정감, 평화를 준다. 결국 어머니는 이번 생에서 처음 만나게 되는 '남(다른 사람)'이다. 우리가 자라면서 좋아하든 싫어하든 맺게 되는 많은 관계들은 어머니를 둘러싸고 이뤄진다. 그래서 어머니를 가장 친한 친구의 본보기로 선택해 명상 수행을 하면 모든 것이 풀린다. 어머니와 자식은 매우 강렬하고 긍정적인 느낌들로 연결돼 있다. 어머니와의 관계에서 형성된 긍정적인 느낌들을 벗어던지고 다시 그러한 감정들을 되살릴 수 없다면 자비심은 그렇게 쉽게 발휘되지 않는다. 어머니와의 관계에서 만들어진 강렬한 느낌들도 결국에는 작용하지 않는다. 어머니에 대한 우리의 집착은 위대한 것이다.

물론 강제로 어머니를 가장 좋은 친구의 본보기로 삼아 명상을 해야 하는 것은 아니다. 그러나 어린 시절 어머니의 사랑으로 인해 생긴 감정들을 다시 활발하게 일깨워야 한다. 나는 그러한 느낌들이 되살아났을 때 매우 강렬해졌고, 뒤에 수행을 하면서 여러 가지 장애물을 만났을 때 큰 도움이 됐다. 어머니가 베푸는 무제한적인 사랑으로 생긴 감정들은 내 마음속에 깊이 자리잡기 때문이다.

나는 특정한 사람들에 대해 이러저러하다고 생각하고 단정 짓는 일을 어떻게 그만둘 수 있을지에 대해 큰 흥미를 갖는다. 우리는 특정한 사람들을 매우 좁은 범위에 묶어 버림으로써 그들을 전혀 도움이 되지 않는 존재라고 단정해 버리고, 친숙함을 벗어난 행동을 하며 그들과는 친해지려고 노력하지 않는다. 특정한 사람들과의 관계에 대해 고집을 부리기 때문에 '이 사람은 단지 ……일 뿐이야.'라고 생각하며 그들과는 영원히 한 가지의 관계에만 머물게 된다. 그러나 '이 사람은 두 번째 전생에서는 최상의 친구였다.'고 생각할 수 있다면, 지금 생에서도 그 사람과는 열린 관계를 설정할 수가 있다. 그와는 긍정적인 모든 관계를 맺을 수 있다. 협력자, 동업자, 학생 등 모든 관계를 맺을 수 있는 것이다. 지금까지 해왔던 대로 특정한 관계를 설정해 놓고 그 사람을 그 관계로 몰아넣는 방식에서 벗어나야 한다. '어머니는 전생에 위대한 친구였다. 나는 이번 생에서도 어머니가 가장 좋은 친구가 될 수 있을지는 모르지만, 이제까지

해왔던 것처럼 특정한 마음으로 어머니를 대할 이유가 없다.' 모든 가능성은 이제 열리기 시작한다.

다른 사람을 최상의 친구로 받아들이는 명상을 하면서 보다 덜 친한 친구를 향해 '가장 친한 친구'라는 사실을 깨닫는 과정을 생략하게 된다. 우리의 마음은 보다 유연해진다. 이러한 수행법은 다른 사람들에 대한 풍부한 가능성을 보여 준다. 표면적으로 적을 향한 명상과 그들도 행복을 원한다는 사실을 인정하는 것이 아니라 마음속 깊숙한 내면에서부터 이러한 명상을 할 수 있다면 그들을 위해 무엇을 하겠는가? 그들을 만나면 우리는 강렬한 친밀감을 느끼는 내적인 감각을 갖게 된다. '오, 나는 가장 좋은 친구를 만났다'는 느낌이 마음 깊은 곳에서 우러나온다면 어떤 변화가 오겠는가? 진정한 마음으로 가게에서 부딪치는 사람들을 최상의 친구로 대한다면 어떤 일이 일어나겠는가? 위대한 사랑과 훈훈함이 넘칠 것이다. '나' 자신은 물론 세상까지 바꿀 수 있는 원동력으로 사용하고도 남을 만큼 많은 온기가 생겨난다.

최근에 나는 대학 1학년 시절 집에 갔을 때 겪었던 어머니에 대한 좋지 않은 기억을 떠올렸다. 그때 나는 어머니에게 정말 열심히 심리학과 인류학, 영어, 미국 문학에 얼마나 빠져 있는지 설명했다. 그런데 어머니는 자신이 대학을 다니지 못한 사실에 대한 원망만 늘어놓는 것이 아닌가! 어머니는 주변 사람들로부터 매우 지적이라는 평가를 받고 있었음에도 불구하고 지적인 열망에 대해 혐오감을 드러냈다. 초등학교 때도 나는 어머니에게 학교에서 어떤 일이 있었는지 자세하게 얘기했는데, 그때도 어머니는 내가 더 이상 얘기를 하지 못할 만큼 독설을 퍼부었다. 결국 내 대학생활에 대한 자랑으로 시작된 그날 저녁은 어머니는 부엌에서 묵묵히 식사를 준비하고, 나는 거실 한쪽에서 어머니가 만들었던 푸른색 흔들의자에 앉아 어색함을 달랠 수밖에 없는 이상한 시간이 되어 버렸다. 정말 숨 막히는 순간이었다. 그 길로 집을 나와 버스를 타고 대학 연구실로 돌아가고 싶었다. 그렇지만 묵묵히 그 어색한 침묵을 참았다. 그리고 살아오면서 나는 종종 그때의 상황을 떠올린다. '내가 지금 맞닥뜨린 이 상황은 그때 대학 1학년 시절처럼 집을 떠나야 하는 상황은 아닌가?' 그 뒤 수행을 하면서 그때 집에서 있었던 또 다른 상황이 떠올랐다. '내가 행복을 원하고 고통을 바라지 않는 것과 마찬가지로 어머니도 행복을 바라고 고통을 원하지 않는다.' 수행을 하는 동안 그때 그 상황을 떠올려서 마침내 어머니도 나와 똑같이 행복을 추구하고 있었다는 사실을 깨달았던 것이다. 정말 혁명적인 일이었다! 그리고 그때 나는 자리를 박차고 일어나 집을 떠날 필요가 없었다. '나'는 여전히 '나'였지만 어머니를 비참하게 만들었던 내 행동을 극복했다. 어머니는 그때 화가 나서 가장 친한 친구에게 전화를 걸어 거의 소리치듯이 하소연을 늘어놓았다. 갑자기 어머니를 향한 말할 수 없는 동정심이 밀려 왔다. 그래서 나는 어머니에 대한 좋지 않은 감정을 털어 버리고 말없이 집을 나와 학교로 돌아왔었다. 만일 그때 어머니와 더 심하게 다투었더라면 나는 평생 그 일을 후회했을 것이다. 얼마나 다행스러운 일인가!

제 8 장

수행을 통해 앞으로 나아가기

점진적으로 나아가기

모든 존재들을 친구로 명상하는 수행을 하면서 전생에서 모든 사람들이 지금 생에서 가장 가까운 친구들만큼 친했다는 사실을 염두에 두어야 한다. '전생에서 이 사람은 지금 생에서 가장 가까운 친구가 하는 것처럼 나를 존중했다.' 전생에서 당신은 어떠한 경우에도 다른 사람을 배려했으며, 모든 사람에게 마음을 열고 대했다. 현재 맺고 있는 모든 관계는 지금 생에서 이루어진 것이 아니라 지금 느끼는 것일 뿐이다. 당신은 우선 가장 친한 친구를 대상으로 명상 수행을 해서 이룬 내용들을 유지하면서, 그 다음에 두 번째로 친한 친구에게도 그러한 내용들을 적용시킬 수 있다. 그리고 그 경험에 근거해서 무관한 사람들이나 적들로 바로 넘어가지 않고 세 번째 친구에게도 수행의 결과를 적용시킨다.

물론 이렇게 하는 것이 조금은 이상하게 생각될 수도 있다. '나는 친구도 아니고 적도 아닌 사람들을 대상으로 수행을 해야 한다. 적을 향해서도 이러한 명상을 진행해야 한다.' 는 생각이 들 수도 있다. 그러나 곧바로 중립적인 사람들과 적을 대상으로 명상 수행을 하는 것은 잠시 미루어 둘 필요가 있다. 친구들 한 명 한 명을 대상으로 명상을 했다고 해서 곧바로 적이나 무관한 사람들을 향해 명상을 진행하면 마음에 큰 부담이 된다. 친구들에게 집중해서 이룬 수행의 성과를 활용해 마음을 치료한 후에, 적도 아니고 친구도 아닌 사람들에게로 수행을 진전시킬 수 있다. 중요한 것은 당신이 헤아릴 수 없이 많은 생을 윤회하면서 친구든 적이든, 무관한 사람이든 모든 사람들을 친구로 볼 수 있게 되고 친숙한 감정을 늘리는 것이다.

먼저 각각의 개인들을 떠올리기 위해 노력해야 한다. 그들의 이미지가 마음에 그려지지 않는다면 그 사람들 각각이 다 현재 당신 앞에 있다고 느껴야 한다. 그리고 난 후 마음을 중립적인 사람들에게로 옮겨 가야 한다. 서두르지 말고 몇 주에 걸쳐 서서히 마음을 옮기고 수행을 해야 한다. 그 후에 친숙함을 조금 더 잘 느낄 수 있는 덜 적대적인 사람들에게로 옮겨 가면 된다. 가능한 한 서서히 명상을 진행해야 한다. 급하게 명상을 진행하다 보면 수없이 얽혀 있는 매듭을 풀기 어렵다. 서서히 그러나 정확하게 수행을 한다면 그러한 매듭을 풀 수 있다. 학창 시절을 되새겨 보라. 좋지 않은 관계를 유지했던 친구들이 먼저 떠오르는 경우가 종종 있다. 그들이 당신에게 저질렀던 나쁜 일들은 머릿속에서 지워 버리고, 즐겁게 했던 일들만을 떠올린다면 생생하게 그 상황으로 돌아갈 수 있다. 그리고 학창 시절 경험했던 모든 고통이나 치욕 등은 말끔하게 지워진다.

우리는 경험들과 그 경험으로 인한 의식에 사로 잡혀 있기 때문에 이러한 명상 수행을 하기는 쉽지 않다. 그러나 그냥 방치할 문제가 아니다. '내 가장 친한 친구는 나와 가깝게 지냈고 나를 존중해 주었다. (나와 1등을 다투며 경쟁 관계에 있던) 여자 친구는 전생에서 나와 친하게 지냈고, 나를 존중해 주었다.' 이런 방식으로 생각하고, 수행을 계속하면 당시의 경험도 바꿀 수 있다.

6학년 때 반 친구 한 명이 골목에서 그의 주먹이 부서질 정도로 심하게 나를 때린 일이 있었다. 나는 증오심이 일어나는 것을 애써 참았다. 그때 그 친구가 나를 때린 사실과 '그는 내게 잘못을 저질렀다'고 느낀 감정을 계속 유지했다면 내 마음은 그 상황에 묶이고 그와의 관계도 그렇게 증오심과 내게 함부로 대했다는 사실에 한정됐을 것이다. 그러나 내가 지금 그때의 기억을 생생하게 되살려 그가 나와 가장 가까운 친구, 좋은 친구였다는 느낌을 가졌을 때는 내 마음 한 구석에 자리했던 나쁜 기억이 사라지고 본래 내 마음을 회복했다. 물론 그 친구가 나를 때린 사실에 분노하면서 그를 기억했다면 내 마음에는 여전히 커다란 상처가 남았을 것이다.

과거의 기억을 되살려 바꾼다는 사실은 혼란스럽기도 하지만, 그것은 또한 과거의 좋지 않은 기억으로부터 해방될 수 있는 수행법이다. 친구, 적, 무관한 사람이라는 틀에 박힌 관념을 깨뜨리고 모두가 친구라는 생각을 형성할 수 있는 것이다. 초등학교 3학년 때 내가 바닥에 떨어뜨린 연필을 집기 위해 손을 내밀었을 때 누군가가 손을 밟았다는 사실은 변하지 않는다. 그러나 손을 밟은 사람에 대한 태도는 바뀔 것이다. 우리의 인성은 감정과 연계해서 생성되며 다른 사람의 행위에 대한 반응으로 이루어진다. 한번 상황이 발생하면 그때 일어난 감정을 바탕으로 만들어진 관계 이외에 다른 관계를 만들기는 쉽지 않다.

한 사람 한 사람을 대상으로 명상함으로써 다른 사람과 연관된 상황과 그 상황에서 발생한 경험, 감정을 바꿀 수 있다. 마음은 점차 변해 간다. 때때로 명상의 힘이 약해지면 그때 반복해서 수행을 해야 한다. 그렇게 수행으로 변화된 마음은 두 번째 본성이라고 할 수 있지만 결과적으로 첫 번째 본성이 된다.

명상을 방해하는 문제들

티베트에서는 인내심을 기르기 위해 명상 수행을 했던 남자에 관한 이야기가 전해 온다. 그가 오랫동안 명상을 하고 밖으로 나왔는데 길을 가던 사람과 부딪쳤다. 그는 자신과 부딪친 사람에게 불같이 화를 내면서 욕을 퍼부었다. 그 광경을 지켜 보던 사람이 "당신은 그렇게 오래 수행을 했다고 하는데, 전혀 성과가 없군요. 당신이 제대로 수행을 했는지 의심스럽습니다." 하고 말했다.

그러자 수행자는 "그렇습니다. 이제 저는 집으로 돌아가 치열하게 참는 마음을 기르는 수행을 하겠습니다." 하고는 수행에 몰두했다.

그 수행자와 수행을 함께 하던 도반이 그를 도우려는 마음에서 시험을 하기로 마음먹고 그의 방으로 가 "지금 무엇을 하고 있습니까?" 하고 물었다.

수행자는 "나는 지금 참는 마음을 기르는 수행을 하고 있습니다." 하였다.

"당신이 말하는 참는 마음이란 어떤 것입니까?"

"누가 무슨 일을 하든 어떤 말을 하든 화를 내지 않는 마음입니다."

"당신이 하는 말이 무슨 뜻인지 모르겠습니다."

수행자는 마침내 불같이 화를 내며 도반을 향해 "이 바보 같은 녀석아, 그런 말도 이해하지 못하는 녀석이 수행자라고 할 수 있겠는가?" 하고 퍼부었다.

그러자 도반은 그렇게 심한 말에도 전혀 동요하지 않고 조용히 밖으로 나가 버렸다.

그때서야 비로소 수행자는 깨달음을 이뤘다. "내 친구는 심한 말을 듣고도 전혀 화를 내지 않았다. 그런데 나는 심하게 화를 내고 말았다. 그는 내 수행을 돕기 위해 일부러 그런 일을 했구나." 친구의 시험으로 그는 참지 못하는 것이 어떤 것이라는 사실을 알게 됐다.

자비심을 기르는 수행이 어떤 내용인지 설명하기는 쉽지만 실천은 쉽지 않다. 수행을 하다 보면 반드시 수행을 가로막는 장애물이 생기기 때문이다. 모든 사람이 친구라는 사실을 깨닫는 수행을 하면서 친구와 적, 친구도 적도 아닌 무관한 사람들이 모두 최상의 친구라는 사실을 받아들이기는 쉽지 않다. 친구와 적, 무관한 사람들은 분명 차이가 있는데 이 세 그룹이 다 최상의 친구라는 사실을 인정하려면 이들 사이에 전혀 차이점이 없다는 것을 이해해야 하기 때문이다. 그렇다고 하더라도 수행을 계속해야 한다. 친구와 적이 동등하다는 것을 깨닫고, 적과 중립적인 사람이 동등하다는 사실을 깨달을 때까지 계속해서 수행을 하면 된다. 그렇게 수행을 계속하다 보면 수행에 진전이 있을 것이다. 수행을 하면서 장애물이 나타난다고 해서 방치하지 말고 계속해서 명상을 해야 한다.

가장 좋은 친구와의 관계를 약화시키는 감정을 그대로 두기보다는 '그 무엇'을 향해 태도를 바꾸는 것이 훨씬 현명한 일이다. 친구가 적이 된다면 친구는 소용없다는 느낌이 강하게 들 것이다. 그러한 감정이 더 커지면 모든 우정을 잃어버리게 될 것이다. 그래서 이 사람, 저 사람 그들 모두가 나의 친구라는 강한 유대감을 키우려고 하는 것은 수행에 도움이 되지 않는다. 오히려 친구나 적이라는 관계는 언제든지 변할 수도 있다는 가능성이 불러일으키는 충격을 담담하게 받아들일 수 있도록 노력하는 것이 수행에는 훨씬 도움이 된다. 사람들 사이의 관계는 관계 자체로서 존재하는 것이 아니라 수행을 통해 이뤄진다는 사실을 받아들이도록 해야 한다. 친구가 적이 되었을 때 관계가 변했다는 사실에 대해 흔들림 없는 마음을 유지할 수 있도록 해야 한다. 명상을 통해 이런 과정을 극복해 간다면 최상의 친구들이 그저 그런 친구들로 바뀌는 것이 아니라, 조금은 덜 친했던 친구들이 가장 친한 친구로 바뀌게 된다.

수행을 하다 보면 어떤 이유에서든지 누가 가장 친하고 누가 가장 덜 친한지 순서를 정해야 하는 문제에 부딪칠 수도 있다. 세월이 지나면서 친한 순서가 바뀔 수도 있다. 명상을 하는 과정에서 누구를 먼저 생각하고 또 다른 친구를 뒤에 생각하게 되는 것만으로도 순서가 바뀌기도 한다. 그런 경우에는 누가 가장 친한지 순서를 지키려하지 말고, 마음에 떠오르는 친구가 누구인지 관계없이 명상을 하면 된다. 그러면 친구들의 순서가 바뀌었다는 사실로 인해 수행 자체가 혼란스러워지는 일은 없을 것이다.

　모든 사람들이 다 행복을 원하고 고통을 바라지 않는다는 사실을 깨닫기 위해 수행을 하다 보면 '나와는 무관한' 사람들을 위해 '내가 왜 이런 수행을 해야 하는가?' 라는 생각이 들 수도 있다. 이런 경우 '나는 친구들에게 충실해야 한다.' 는 생각을 하면서 스스로의 마음을 정리할 필요가 있다. 관계가 전혀 없는 사람들을 대상으로 명상할 때보다는 친구와 적이 동등하다고 생각하는 편이 효과가 훨씬 크기 때문이다. 보통은 친구들과 친밀하고 익숙하게 지내지만 이런 경험을 뛰어넘어 친구도 아니고 적도 아닌 관계에 있는 사람들을 향해서도 친숙하게 느낄 수 있는 마음가짐이 필요하다. 이런 경험을 통해 나와는 아무런 관계도 없는 사람들을 도울 수 있게 된다.

　명상을 계속하면서 친구나 적, 중립적인 사람들과의 관계를 통해 경험하는 것을 바탕으로 다시 명상을 시작하게 되는 경우도 있다. 그러나 그들과 어떤 상황에서 어떻게 관계를 맺든지 또한 그러한 경험이 가치가 있든 없든 수행을 방해하는 장애가 된다. 누군가에게 자비를 베풀어야 하겠다는 마음을 기르기 위한 수행을 하면서 또 다른 사람을 위해서도 수행을 해야 한다는 사실은 마음을 혼란스럽게 하기도 한다. 수행의 대상이 동시에 여러 명이 생기면 누구를 위해 먼저 수행을 해야 하는지 판단이 안 될 때가 있기 때문이다. 그러나 그런 경우 마음이 흔들리고 있다는 사실 자체를 평온하게 받아들이고 인정할 필요가 있다. 그렇다고 해서 수행의 과정이 완전히 잘못

되고 있는 것은 아닌지 걱정할 이유는 없다. 친구를 대상으로 명상을 하는 과정에 갑자기 적이 끼어들었다고 해도 혼란스러워 하지 말고 수행을 하는 '나 자신'을 냉정하게 유지해야 한다. 실제로 수행을 하면서 어떤 특정한 관계들에 대해 깊이 들여다본다면 완전히 새로운 사실을 깨달을 수 있다. 그렇지만 그 관계에서 이루어지는 수행을 통해 아무런 진전이 없는데도 또 다른 관계를 대상으로 수행을 계속할 필요는 없다. 때문에 수행을 하면서 반드시 기록하는 습관을 가져야 한다. 펜과 종이를 준비해서 수행을 하면서 어떤 장애물들이 다가오는지를 기록한다. "지금 부딪친 장애물은 이러이러하게 나의 수행을 방해하고 있다. 이 문제는 반드시 해결하고 넘어가야 한다." 이런 기록들이 없다면 수행을 하면서 계속해서 나타나는 장애물들에 대해 "아, 나는 이 문제를 오래도록 방치해 두었다. 그 결과 이 장애물들은 나의 수행에 진전이 없도록 만들었다."라고 생각해서 당황하게 되고 장기간 수행하면서 이룬 성과들의 가치가 줄어들거나 아무런 성과도 이루지 못할 수도 있다. 그러나 기록을 남겨 두었다면 기록을 활용해서 수행을 하며 만났던 장애물로 다시 돌아가 명상을 시작할 수 있고, 자비심을 기르면 어떤 면이 도움이 되는지를 깊이 성찰할 수 있다. 어떤 주제로 수행을 했는지 왜 수행을 시작했는지 어떻게 수행을 해야 하는지 처음 수행을 시작했던 당신의 마음가짐을 회복할 수 있다.

이제 친구들의 친한 순서 또는 누구를 먼저 대상으로 해서 수행을 해야 하는지 정리하는 과정에서 순서가 바뀔 수도 있고, 전에는 가장 친한 친구였다가 지금은 세 번째 또는 네 번째로 친한 친구가 되는 경우가 있다. 이럴 경우 왜 그렇게 됐는지에 관계없이 수행에 방해가 될 수도 있다. '왜 내가 이 친구를 전에는 가장 친한 친구라고 생각했는데 지금은 적에 가까울 만큼 멀어졌을까. 분명히 무슨 이유가 있었을 것이다. 나는 이 친구를 친구들의 명단에서 빼놓아야 한다.' 이런 생각이 들 수도 있다. 그러나 그리 염려할 문제는 아니다. 친구들 또는 명상의 대상을 정리한 명단은 그리 중요하지 않다. 수행을 계속해야 한다. 마음의 평정을 유지하고 괜한 걱정으로 명상을 그만두는 일은 없어야 한다. 사소한 일을 너무 깊이 생각함으로써 시간을 허비할 필요가 없다.

수행을 하면서 너무 많은 대상이 있다는 사실에 놀랄 수도 있다. 열 명이나 열다섯 명 정도라면 '그들 모두 행복을 원하고 고통을 바라지 않는다' 는 사실을 깨닫기는 어렵지 않다. 그러나 그 대상이 십만 명이라면 어떻겠는가? 숫자가 우리를 괴롭힌다. 그러나 숫자 자체가 수행에 방해가 되는 것은 아니다. 그저 더 많이 수행하면 된다. 숫자가 문제가 되지 않을 때까지 수행하면 된다.

명상의 대상을 친구에서
친구도 적도 아닌 사람들과 적들로 바꾸기

모든 친구들이 가장 친한 친구만큼이나 가깝다는 사실을 확인했다면 친구도 아니고 적도 아닌 사람들을 향한 명상을 시작해야 한다. 명상을 통해 모든 친구들이 다 동등하게 최상의 친구라는 사실을 깨달았다면, 친구도 아니고 적도 아닌 사람들도 가장 좋은 친구가 될 가능성을 발견했을 것이다. 이 과정이 어떤 경우에는 자연스럽게 이뤄진다. 전혀 무관한 어떤 사람을 대상으로 그가 가장 좋은 친구라는 사실을 받아들이고, 또 다른 사람을 향해 계속해서 그런 과정을 반복하다 보면 수행의 힘은 점점 강해진다. 이제 마음은 모든 사람들을 향해 활짝 열려 있다. 열린 마음으로 수행을 계속하면 나와는 전혀 무관한 사람들 각자가 다 마음에 들어온다. 그리고 '그들이 다 나의 가장 좋은 친구'라는 깨달음을 이루는 데는 어떠한 장애물도 없다.

그 후에 적을 향해서도 같은 단계들을 닦아 나가면 다시 장애가 생긴다. 적들을 친구로 받아들이기는 쉽지 않다. 여기서 다시 평등심을 닦아야 한다. "내가 그런 것처럼 이 사람은 행복을 원하고 고통을 바라지 않는다는 사실이 과연 성립하는가? 이 사람이 과연 친구도 아니고 적도 아닌 사람들처럼 행복을 바라고 고통을 원하지 않는다는 사실을 받아들일 수 있는가?" 이러한 질문들을 스스로에게 던져 보면 "물론, 그렇다."고 대답하는 자신을 발견할 것이고, "그렇지만 이 사람을 친구로 받아들일 수는 없다."고 답하게 될 것이다.

적을 도저히 친구로 받아들일 수 없다는 느낌을 억누를 필요는 없다. 그러한 느낌이 어떤 것인지, 왜 그런 감정이 생기는지 깊이 살펴보고 근본적으로 그러한 적대감을 바꾸어야 한다. 지금 생에서는 비록 '나의 적'이지만 전생에서는 '좋은 친구였다'고 명상을 하는 것은, 마음속 깊이 숨어 있는 증오심을 깨끗하게 씻을 수 있는 좋은 수행 방편이 된다. 종종 적들을 향해 마음을 굳게 걸어 잠그고 그들을 향한 증오심을 치료하지 않기 때문에, 우리는 마음속에서 적들을 잔인하게 해치기도 한다. 적을 향한 적대감과 증오심은 얼마나 오랜 기간 수행을 해야 하는지, 많은 인내심을 가져야 하는지를 일깨워 준다. '적도 아니고 친구도 아닌 무관한 관계에 있는 사람들을 가장 친한 친구처럼 동등하게 대할 수 있다면 얼마나 좋겠는가! 그렇다면 지금 나는 적을 향해서도 같은 마음으로 대할 수 있지 않겠는가!' 당신 자신을 편안하게 만들어야 한다. 증오심과 적대감으로 가득 찬 당신을 평온한 상태로 바꿔야 한다. 그리고 오랜 기간 수행을 해야 한다는 사실을 담담하게 받아들일 필요가 있다. '몇 해 지나지 않아 적들이 나와는 무관한 관계에 있다고 생각하고 적대감과 증오심을 없앤 상태에서 그들을 대할 수 있다면 그것으로 충분하다!' 이런 여유 있는 마음가짐을 가져야 한다. 조급하게 이루려고 생각할 것도 없고 빨리 그런 성과를 거두어야 한다고 스스로를 압박할 필요도 없다. 시간이 얼마가 걸리더라도 진심으로 적을 향해 이런 자세를 가질 수 있다면 실패가 있을 수 없다. 적을 향한 명상을 스스로 지닌 증오심과 적대감이라는 짐을 덜어 낼 기회로 활용하라.

보통의 경우 해를 끼치는 사람과 그렇지 않은 사람에 대해 뚜렷하게 구별한다. '흠, 그는 문제가 없어. 그는 아마도 나를 해치려고 하지 않았을 거야.' 이렇게 생각하거나 피해를 준 사람에게는 "너는 왜 그렇게 나에 대해 못된 말을 하지? 나는 너에게 전혀 피해를 줄 생각이 없는데 말이야."라고 쉽게 말할 수 있다. 그러나 자신에게 피해를 준 사람들이 무엇을 의도하는지를 알게 됐을 때 매우 화를 낸다. 어떻게 해야 가장 친한 친구를 대하듯, '나'를 해치려고 하는 사람들을 존중하고 친밀하게 지낼 수 있겠는가?

당신을 해치려는 마음이 없는 사람이 우연치 않게 당신에게 피해를 주었는데도 그를 향해 약간의 자비심을 낼 수 있다면 당신의 수행은 성과를 이룬 것이다. 그러나 당신을 해칠 의도로 당신에게 상처를 준 사람에게도 자비심을 베풀 수 있다면 당신은 참으로 성공을 이룬 것이다. 지금까지 해 온 수행에서 참다운 성과를 거두었다면, '이 사람은 참 이상한 사람이다. 이 사람은 내게서 무엇인가를 빼앗으려 한다.'라고 생각하는 대신 당신이 그를 미워할 이유가 없다고 생각하게 된다. 그리고 그 사람의 의도를 알아차리고 오히려 그가 지갑을 쉽게 가져갈 수 있도록 앞주머니에 옮겨 놓는다. 당신의 마음은 이렇게 반응을 하게 되지만, 그가 당신의 지갑을 가져간다고 해서 그를 향한 증오심이 생기지는 않는다.

모든 사람을 사랑하기를 원하는 우리의 소망과 적을 향해 실제로 우리가 취하는 태도들은 서로 모순된다. 원하는 것과 현실은 갈등 관계에 있다. 이것이 바로 우리가 존재하는 방식이다. 우리는 탐욕과 증오심으로 인해 처음도 끝도 없는 윤회 속에서 방황한다. 윤회를 벗어나기 위해서는 오랜 세월과 수행이 필요하다. 여유를 갖고 깊이 살펴보아야 한다. '나에게는 뿌리 깊은 증오심이 있으며, 나는 아무짝에도 쓸모없는 존재이다.' 이런 생각으로 스스로를 압박해서는 안 된다. '마음속으로는 최소한 친구도 아니고 적도 아닌 사람들을 사랑해야 한다고 강하게 원하지만, 실제로는 그렇게 실천하지 못하고 있다는 사실을 인정하고 받아들여야 한다.' 이런 자세를 가질 수 있도록 노력해야 한다. 스스로를 편안하게 대할 필요가 있다.

관대한 마음으로 어린 아이들을 대하듯 조금이라도 스스로에게 너그러운 마음을 가져야 한다. 겉으로 드러난 마음과 아주 깊은 곳에 숨어 있는 마음이 반드시 일치할 수는 없다. 진지하게 명상을 함으로써 깊이 숨어 있는 마음들을 변화시키지만, 그러한 변화는 아주 서서히 일어나고 오랜 시간과 수행이 필요한 법이다.

적들이 가장 친한 친구와 조금도 다르지 않다는 성과를 이루기 위한 수행에서 가장 큰 장애가 되는 것은 무의식적으로 그를 몹시 미워한다는 사실에 직면한다는 점이다. 또 나의 적들이 정말로 곤란한 상황에 처하기를 바라는 경우도 종종 있다. 이러한 점들이 수행에 방해가 되지만 실제로는 우리가 살아가는 방식이기도 하다. 전생에 지은 업들로 인해 쌓인 우리의 의식은 청정하지 않으며, 우리는 그런 상황에서 태어났다. 역설적으로 그렇기 때문에 우리는 지금 생에서 처음도 없는 시간부터 쌓아 온 나쁜 업들을 씻어내야 한다. 모든 존재들은 무한한 생을 윤회하면서 모두를 사랑하기를 바라면서도 늘 탐욕과 증오심으로 적을 만드는 부자연스러운 방식으로 살아간다. 그리고 항상 청정한 몸과 마음을 지니고 살아가기를 바라면서도 매일 매일 악한 결과를 일으키는 업을 짓고 산다. 물론 우리 마음속에는 뿌리 깊은 증오심이 자리잡고 있다.

적을 대상으로 명상할 때는 보다 약한 적에서부터 시작해야 한다. 매우 강한 적은 뒤에 부딪치는 편이 현명하다.

| 제9장 |

달라이 라마가 선호하는 명상

    달라이 라마는 다른 사람들이 잘살기를 바라는 책임감을 자극하는 명상법을 특별히 좋아한다. 달라이 라마는 8세기에 활약했던 인도의 학자이자 요가 수행자인 산티데바가 저술한 《보살 수행에 관한 입문서》*의 내용을 바탕으로 구체적인 명상법을 제시한다.

    1. 편안하게 앉아서 정면으로 보이는 두 벽면 중간쯤에 시선을 두고 스스로가 훌륭하고 편안하며 당당하고 현명하다고 생각한다.

    2. 그리고 그 벽면에서 이기적인 자아의 모습을 발견한다. 그는 별다른 노력 없이 크게 성공하기를 바라는 사람이며, 무엇이든지

---

* 《입보리행론(入菩提行論)》: 산티데바의 저술로 전해지지만 한역본에는 용수(龍樹) 보살이 지은 것으로 되어 있다. 산스크리트 원전은 시(詩)로 되어 있으며 후기 대승불교 문학의 걸작으로 꼽힌다. 특히 티베트에서 애송되어 현존하는 주석서만도 8종이나 된다. 티베트본 제목은 '입보살행(入菩薩行)'이다. 한역본은 《보리행경(菩提行經)》(4권)이다. 보리행, 즉 대승의 깨달음을 구하는 이들에게 교훈을 주는 내용이며 육바라밀을 기본으로 삼는다.

쉽게 이루려고 한다. 오로지 자기 자신만을 위해 모든 것을 추구하는 사람이다. 가장 가까운 과거에 지은 잘못된 업을 상기한다. 당신이 지었던 업은 몹시 불결한 업이었으며, 그 업을 지은 '나, 나, 나'를 떠올린다. 그때의 '나'는 평범한 '나'가 아니라 아주 이기적이고 늘 스스로의 욕심을 채우기 위해 악한 업을 짓는 '나'이다.

3. 이제 이기적인 '나'를 떠나 가난한 사람들을 떠올린다. 그들은 가난에 시달리고 고통 받는 사람들이다.

이제 한쪽 벽은 현명한 당신이고 또 다른 쪽 벽면은 매우 이기적인 당신이다. 한쪽 벽면을 통해 과거에 지었던 많은 업과 그 상황들을 그려내고 스스로가 얼마나 이기적인 사람인지를 살펴보기 바란다.

1. 당신은 불합리하게도 누구보다 당신을 우선시하고, 스스로가 잘사는 일에만 몰두하며 때로는 자기 스스로를 동정하기도 한다. 또한 당신은 다른 사람의 주목을 받지 못할까 두려워하며 상처를 받는다. 매우 불쾌하고 지저분한 일이다.

2. 잘못된 일을 해서 화가 났을 때의 상황을 기억한다.

3. 욕심을 채우기 위해 이기적인 행위를 했던 일들을 상기한다. 특정한 물건을 탐내고 그것을 갖기 위해 모든 것을 포기할 정도로 집착

한다.

4. 다른 사람의 성공을 질투했던 상황을 떠올린다. 당신은 항상 당신보다 돈을 더 버는 사람이 있다는 사실에 분노한다.

다른 쪽 벽면에는 가난한 사람들을 떠올린다. 그들은 매우 고통스럽고 힘겨운 생활을 하고 있다. 그들에게는 먹을거리를 구하는 일도 몹시 어렵다.

달라이 라마는 이 명상법을 실천하면서 차분하게 자신을 돌아보기를 권한다. **"한쪽 벽면에 있는 이기적인 '나'와 또 다른 쪽 벽면에 있는 가난한 사람은 동등하다. 그들은 모두 행복을 원하고 고통을 바라지 않는다."** 이어서 스스로에게 질문을 던질 것을 요구한다. **"나는 누구를 도와야 하는가? 이기적인 나 자신인가? 아니면 가난한 사람들인가?"** 다른 것은 다 제외하고 이 사실에 집중한다. 현명한 사람이라면 스스로에게 이렇게 질문할 것이다. **"내가 도와야 하는 사람은 어느 쪽인가? 자신의 행복만을 위해 비굴하게 처신하는 이기적인 사람인가, 아니면 가난한 사람들을 도울 것인가?"**

결론은 이렇다. 나는 단지 한 사람에 불과하다. 다른 사람들은 무한하다. 다섯 명 또는 열 명의 가난한 사람들은 단지 구체적으로 설명하기 위해 예를 든 숫자에 불과하다. 나 하나보다는 무한하게 많은 다른 사람들의 행복이 더 중요하지 않겠는가?

이처럼 생생한 상황을 벗어나면 자기 자신과 다른 사람들이 동등하다는 사실은 매우 추상적으로 여겨질 수도 있다. 자기 자신도 하나의 존재이고 다른 사람도 한 명의 존재일 뿐이다. 그들은 모두 단일한 존재이다. 그러나 달라이 라마가 제시한 명상법에 의해 실제로 '다른 사람'이 누구인지를 구체적으로 떠올린다면, '다른 사람'들은 헤아릴 수 없이 많은 개인들, 즉 개별적인 자아로 이루어져 있다는 사실을 확인할 수 있다.

'당신 자신'과 한 명의 개인에 불과한 '다른 사람'이 사실은 헤아릴 수 없이 많은 개인으로 이루어져 있다는 사실을 확인하고서도 당신은 매우 자기 중심적일 수 있으며, 때문에 자기 자신과 다른 사람 사이에는 수적으로 엄청난 차이가 있다는 사실을 애써 외면할 수 있다는 사실을 인정해야 한다. 어쩌면 당신은 '이기적인 자신'과 '자기만을 중요하게 생각하는 자신'을 포함해 '모든 다른 사람'을 다동등하게 돕고 싶어할 수도 있다. 그러한 의도에 대해 '이기적이고 추악한 자신'은 단지 한 명에 불과하고 '다른 사람'들은 매우 많다는 점에서, 나는 강렬한 감동을 받는다. '다른 사람'들은 양적인 측면에서 '자기 자신"과 비교할 수 없다. 때문에 만일 당신이 다섯 명의 '다른 사람'들을 떠올린다면 '당신'과 '다른 사람'들은 동등하게 1 : 1이 아니며, 당신은 그들을 포함해 1/6에 불과하다는 사실을 인정해야 한다.

당신은 다른 사람들을 돕기를 바라면서도 자기 자신을 전혀 돌보지 않아야 하는 명상에 매우 놀랄 것이다. 모두에게 이로운 궁극적인 해결책은 다른 사람을 돕기 위해 자신의 능력을 집중하며, 이타주의에 바탕을 두고 자기 계발의 동기를 찾아야 한다는 것이다. 물론 행복해지는 과정에서 자기 자신을 지나치게 중요하게 느끼는 감정을 최대한 절제해야 한다. 모든 사람은 행복을 바라고 고통을 원하지 않는다.

당신은 '나는 이 모든 것을 이해할 수 있기 때문에 중요한 존재이다. 나는 이해하지 못하는 사람들을 이해시킬 수도 있기 때문에 더욱 중요한 존재이다.'라고 생각할 수도 있다. 대체로 사람들은 자신에 대해 이런 종류의 자부심을 갖고, 그것을 즐기는 경우가 많다. 그리고 그 자부심을 유지하기 위해 '이렇게 내가 나를 소중하게 여기는 것은 다른 사람들이 잘살게 되기를 바라기 때문이다.'라고 생각하는 경우도 있다. 그러나 항상 이러한 자부심으로 자신의 부족한 부분을 감추고 봉사한다고 생각하는 마음은 버려야 한다. 자기 중심적인 생각은 공허히 사라지게 마련이다.

달라이 라마를 위해 수많은 청중들을 대상으로 밝은 조명을 받으며 통역했을 때 나는 집중력이 크게 향상되는 것을 느꼈다. 사실 달라이 라마는 메시지를 전달하기 위해 내게 의존하고 있었다. 그러나 나는 나를 드러내지 않고 그의 메시지를 충실히 전달하기 위해 노력했고, 그러한 과정 자체를 즐겼다. 달라이 라마의 메시지를 전달해야 한다는 힘겨운 과제를 편안하게 할 수 있도록 노력했고, 마음을 열어 놓기 위해 애썼다. 달라이 라마가 티베트어로 무려 5분 동안이나 강연을 계속할 때는, 그의 강연 내용을 기억하기 위해 집중해야 했고, 그 때문에 마음을 열어 놓아야 했다. 달라이 라마는 내가 그의 강연 내용을 영어로 전달하는 것을 들었고, 내가 놓친 부분은 다시 한 번 강연해 주었다. 우리 둘 다 이런 상호 작용을 어느 정도는 즐겼다.

그러나 나는 강연장을 빠져 나왔을 때 다시 그러한 자리에 참석하기를 바란다는 사실을 알았다. 무대에서의 그 강렬한 조명과 통역을 잘해야 한다는 긴장감, 강연 내용을 놓치지 않기 위한 집중 등을 갈망하고 있는 나를 발견했다. 그것을 경험했고 '그 무대'를 갈망한다는 사실을 발견했다. 나는 무대에 있을 때만 존재 의미를 확인하는 배우들의 이야기를 떠올렸고, 그들의 심정을 충분히 이해할 수 있었다. 잠시 후에 나는 '내가 무대에서 느꼈던 그러한 상황들은 강연을 듣는 사람들에게 도움이 될 것'이라고 생각하는 나를 발견했다. 나는 이러한 생각을 반복해서 주입시켰고 통역을 계속했다. 그리고 몇 차례 강연과 통역이 진행되면서 처음 강연장을 떠났을 때 '무대'를 갈망하는 현상은 사라졌다. 강연장에서 내가 느꼈던 모든 감정과 행동은 강연을 듣는 사람들을 위한 것이었다는 사실을 이해하고, 충실히 통역에 임했다. 그때 내가 깨달은 내용은 내 몸 깊숙이 배어 들었고, 청중들에게도 나의 마음이 전달됐다는 사실을 느낄 수 있었다. 자기 중심적인 자부심은 이런 방식으로 바뀔 수 있다.

우리가 일상생활을 통해 다른 사람을 위해 할 수 있는 사소한 일들은 매우 많다. 명상을 하면서 미처 방석을 구하지 못한 사람을 위해 방석을 주는 일도 그런 일들 가운데 하나이다. 매우 사소한 행동이 다른 사람들에게는 큰일로 받아들여진다. 달라이 라마가 영국 콜럼비아 대학을 방문했을 때, 순전히 그를 만나기 위해 먼 길을 왔던 사람과 학장, 교수들을 만났다. 그 중 한 노신사가 달라이 라마가 방에 들어서자마자 일어서려고 했다. 달라이 라마가 그리 가까이 오진 않았는데도 그는 일어서서 인사를 하려고 했다. 우리들은 그가 일어서는 것이 힘들다는 사실을 알고 있었다. 그는 앉는 것조차도 힘겨워했다. 그를 바라보는 우리는 마음속 깊이에서 그에 대한 감동이 일었다. 그러나 그가 일어설 수 있도록 재빠르게 움직인 사람은 단한 사람이었다. 그를 부축해서 일어날 수 있게 도운 사람은 바로 달라이 라마였다. 달라이 라마는 '나는 행사의 주빈이고 나는 앉아서 그들의 인사를 받는다.' 는 생각으로 스스로를 가득 채운 사람이 아니었다.

이 작은 행위 하나가 다른 사람들을 가치 있는 사람으로 만든다. 주변 사람들을 가장 효과적으로 도울 수 있는 길을 찾는 데 마음을 다해 노력해야 한다. 진실로 다른 사람들을 도우려는 동기로 인해 당신의 행위는 자기 중심적인 업이 아니라 참으로 중요한 가치를 지니게 된다. 스스로 지닌 것을 어느 정도 포기해야 하는지 결정하는 일은 쉽지 않다. 얼마나 많은 시간을 다른 사람들을 위해 써야 하는지를 결정하는 일도 어렵다. 그러나 근본적인 동기를 고려한다면 그러한 기준들은 분명하게 보일 것이다. 하루하루 근본적인 동기에 기초해 수행을 한다면 많은 문제들이 해결될 것이다.

명상 : 빛을 일으키는 도움

다른 사람들과 친숙해지면 당신은 그들을 도우려 할 것이다. 먼저 상상 속에서 다른 사람들을 돕는 장면을 떠올리고 거기에 익숙해지면 그들에게 실제로 도움이 될 수 있는 능력을 개발할 수 있다. **명상을 하면서 마음 깊숙한 곳에서 환한 빛줄기와 신의 음식인 암브로시**

아(감로수)가 뻗어 나온다고 상상하라. 그 빛과 암브로시아는 다른 사람의 마음과 몸으로 들어간다. 그 빛은 본질적으로 다른 사람들에게 도움이 되는 빛으로 다른 사람의 몸과 마음으로 흘러들어가 살과 피, 뼈, 마음 등 구석구석 돌아다니며 도움을 준다. 육체적이고 정신적인 모든 문제들을 해결하고, 건강을 회복하도록 도와준다.

앞에서 우리는 모든 존재들이 행복을 바라고 고통을 원하지 않는다는 사실을 깨닫기 위한 명상을 했다. 이번 단계에서는 명상을 통해 깨달은 사실을 바탕으로 실질적으로 다른 사람들을 돕기 위한 수행을 할 것이다. 자, 이제 신들의 음식인 암브로시아가 당신의 마음에서 솟구쳐서 환한 빛을 발한다고 상상한다. 그리고 그 빛은 본질적으로 모든 존재들이 동등하다는 사실을 깊이 깨닫게 하고, 모든 존재와 친숙하게 지낼 수 있게 해 준다. 비록 실제로는 빛이 뻗어 나오지 않는다고 해도, 이렇게 마음에서 나오는 빛이 다른 사람들에게 도움을 준다고 상상하면 수행에 도움이 되고, 그들에게 도움을 주기 위해 명상을 하는 데에 큰 힘을 준다. 이렇게 명상을 함으로써 그들의 몸 상태를 건강하게 유지할 수 있게 도움을 준다.

조금 지나친 상상이라고 할 수도 있지만, 마음 깊숙한 곳에서 뻗어 나오는 빛은 흰색, 노란색, 푸른색, 녹색, 붉은 색의 다섯 가지 색깔을 띠고 있다. 한 사람을 대상으로 먼저 명상을 시작해야 한다. 마음으로부터 빛줄기를 일으키고, 그 빛이 다른 사람 몸으로 흘러 들어가면 몸을 편안하게 만들어 주며, 마음을 평온하게 해 준다는 사실을 깊이 들여다본다. 또한 그 빛은 다른 사람들에게도 '모든 존재는 행복을 바라고 고통을 원하지 않는다' 는 사실과 '모든 존재들은 지난 생에서 가장 친한 친구였다'는 것을 깨닫게 해준다는 점을 명상한다. '나'의 마음에서 뻗어 나온 빛은 다른 사람들로 하여금 모든 존재들을 친숙하게 느낄 수 있도록 작용한다.

동물을 포함해 상상할 수 있는 만큼 많은 존재들을 향해 당신의 마음에서 뻗어 나오는 영적인 기운과 빛을 떠올리는 수행을 함으로써 다른 사람들을 소중하게 대할 수 있다. 동시에 다른 사람을 돕기 위한 근원적인 태도를 마음속 깊이 새겨둘 수 있다. 용수 보살은 《보행왕정론》에서 숲을 비유로 들어 일정한 대상들을 향한 명상을 하라고 설했다.

단 한 순간이라도 다른 사람들에게
유용하도록 자신을 변화시켜라.
마치 땅과 물과 불과 바람과 약초,
그리고 숲이 모두에게 도움이 되는 것처럼.

그리고 책의 끝 부분에서 하루도 빠짐없이 이러한 자세를 세 번씩 반복해서 서원하라고 강조했다.

모든 생명들이 원하는 대로 어떠한 방해도 없이
'나'를 즐거움을 주는 대상이 되게 해야 한다.
땅과 물과 불과 바람과 약초와 숲이
아무런 조건 없이 생명들이 자라도록 베푸는 것처럼.

명상 : 다른 사람의 성공을 함께 기뻐해 주기

8세기 인도의 석학인 산티데바는 "모든 생명은 행복을 원하면서도 고통을 향해 달려간다."고 말했다. 이것은 아마도 다른 모든 사람이 행복을 바라고 고통을 원하지 않는다는 사실을 굳이 받아들일 필요가 없다고 여기는 데서 비롯된다. 또한 나의 행복을 위해 종종 다른 사람들을 수단으로 이용하는 것이 잘못됐다는 생각을 하지 않기 때문에 행복을 바라면서도 고통을 향해 달려간다. 대체로 승리를 위해 노력하는 이유는 돈과 우정, 명예, 물질적 이익, 사회적 지위, 권력을 획득함으로써 행복해지기 위해서이다. 그러나 이런 방식으로 행복을 추구하면 오히려 행복해질 기회로부터 멀어지게 마련이다. 다른 사람에게서 똑같은 방식으로 당하기도 한다. 대부분의 사람들은 스스로의 행복을 위해 다른 사람들을 이용하면서, 다른 사람들이 행복해지려고 자기를 이용하려 한다고 불평한다. 또 행복을 위해 반드시 필요하다고 생각했던 것을 행복 자체라고 판단하는 잘못을 범하기도 한다. 처음에는 엄청난 돈이 있어야 행복해질 것이라고 생각하지만, 얼마 지나지 않아 행복은 안중에도 없고 돈만을 원하게 된다.

사람은 정말로 자신의 행복을 위해 다른 사람을 악용하는 야만적인 존재인가? 때때로 사람들은 의식적으로 탐욕을 신념으로 삼기도 한다. 거기에 더해 수행을 통해 나아지기를 원하기보다는 탐욕에 사로잡혀 현재의 생활에 안주하며, 파고들면 들수록 탐욕에 사로잡힌 생활이 마음 깊이 자리잡고 있다는 사실을 알게 된다. 우리는 확실히 그렇게 살아 왔다. 부처님 가르침에 의하면 우리는 본능에 의해 행동을 하는 것이 아니라, 마음 깊숙이 자리잡고 있는 의식에 의해 업을 짓는다. 예를 들면 '내가 가장 소중하다'고 생각하는 것은 '다른 사람들이 나와 마찬가지로 행복을 원하고 고통을 바라지 않는다'는 사실을 깨닫지 못한 데서 오는 위태로운 토대 위에 형성된다. 마음 깊이 자리잡고 있는 의식은 타고난 그대로의 본능에 의해 형성되는 것이 아니라 업에 의해 이루어지는 것이다.

모든 생명이 어떤 것이든 행복을 가지고 있다면 그 행복이 유지되기를 바라는 마음에서 즐거움을 찾아야 한다. 그들이 가진 행복과 자유, 그 행복과 자유가 영원하기를 기쁜 마음으로 기도해 줄 수 있어야 한다. **다른 사람들이 행복하고 그 행복이 오래 가는 것을 떠올려 명상을 해야 한다. 부자이며 용모도 빼어난 사람을 상상하라. 그리고 그가 그렇게 큰 부자라는 사실을 함께 기뻐하라. 또한 위대한 자비심을 가진 사람들, 뛰어난 능력을 지닌 사람들을 대상으로 명상하면서 그들이 지닌 보물이 영원하기를 바라는 마음을 지닐 수 있도록 하라.**

우리는 자주 다른 사람들과 경쟁을 하려고 한다. 심지어 다른 사람들이 뒤쳐지기를 바라는 것이 아닌데도 실제로는 그들이 경쟁에서 탈락해 '내'가 이기기를 바란다. 우리는 경쟁한다. 그리고 이기기를 원한다. 대학원에서 산스크리트어를 배울 때 문법이 체스처럼 복잡했기 때문에 대부분의 학생들은 마치 시합을 하듯 공부했다. 우리는 "너는 그것을 잘 몰랐어."라며 서로를 자극하며 공부를 계속했다. 우리는 좋은 관계를 유지했으며, 누군가가 정답을 찾아내면 매우 기뻐했다. 그러나 몇 차례 시험에서 존슨이라는 학생이 늘 백점이나 99점을 맞자 그에게 기가 죽었다. 우리는 "존슨은 사실 공부를 잘하지 못하고, 문제를 제대로 풀지 못했다."고 느끼기 시작했다. 우리는 "불쌍한 존슨"이라고 생각했으며, 무의식적으로 그가 어리석기 짝이 없는 모습으로 교실에 앉아 있기를 바랐다. 마침내 우리의 상상 속에서 존슨은 교수가 던진 질문에 대답을 하지 못했다. 우리의 마음은 어리석음으로 가득 차 있었고, 온통 혼란에 빠졌다. 우리는 결국 다른 누군가를 대상으로 질투를 했지만 결국 혼란에 빠진 것은 우리 스스로의 마음이었다. 존슨이 뒤쳐진 것이 아니라 우리의 마음에 어리석음이 자리를 잡게 됐다. 결과적으로 나는 이러한 사실을 깨달았으며, 뛰어나게 좋은 성적을 받은 존슨의 행운을 진정으로 기뻐해 주기 위해 노력했다. 실제로 그가 교수님께 질문을 받았을 때 정답을 말하기를 바랐다. 나의 상상 속에서 존슨은 '존슨의 능력을 뛰어넘은' 존슨이었다. 그는 정말 대단했다! 마지막 시험을 치른 후에 내 성적이 어떤지 그리고 존슨은 시험을 잘 치렀는지 물었다. 그리고 내 성적이 존슨보다 좋았다는 사실을 확인하고 큰 충격을 받았다. 내가 그러한 명상을 하기 전에 지은 업은 교수가 나를 보면서 "그렇게 어처구니없게 굴지 말라."고 충고할 정도로 나빴지만, 그때는 존슨이 진실로 안됐다는 생각이 들었다.

다른 사람들의 행복을 함께 기뻐한다는 사실은 질투와 반대되는 개념이다. 그렇게 함께 즐거워할 줄 아는 마음은 이기적인 면을 완전히 바꾸는 방법이며, 수많은 사람들을 존중하는 길이다. 그렇게 함으로써 당신은 매우 행복해질 것이고, 당신 주변 사람들과의 관계의 가치가 높아질 것이다.

제 **3** 단계

다른 이의 배려를
주의깊게 살펴라

명상을 통해 깊이 들여다보아야 한다. 선한 것이 지니는 가치가 무엇인지,
다른 사람들이 실천하는 봉사의 가치가 얼마나 위대한 것인지를 생각해야 한다.
다른 사람들이 베푸는 친절이 지닌 가치를 생각하라는 것은
그들이 호의를 베풀게 된 동기를 되새기라는 것이 아니라,
그들이 베푼 것 자체가 지니는 가치를 살펴보라는 뜻이다.

제 10 장

다른 사람들은 어떻게 나를 배려하는가

명상 : 어머니의 배려

이번 장에서는 당신의 친구였던 사람이 얼마나 당신을 배려했는지에 관해 명상하는 법을 설명하겠다. 당신의 친구가 얼마나 당신에게 많은 친절을 베풀었는지에 대해 명상하는 이유는, 실질적이고 구체적으로 그 친절에 대해 평가하고 몸으로 느끼기 위한 것이다. 먼저 어떻게 명상할지에 대한 계획을 세우는 것부터 시작해야 한다. 어떤 의미에서는 이미 두 번째 전생에서 가장 친한 친구와 열 번째로 친했던 친구가 동등하다는 사실을 깨달으면서 명상을 시작했다고 할 수 있다. 그런 사실을 깨달음으로써 '나'의 친구들이 얼마나 '나'를 배려했는지를 어느 정도는 이해했다. 그러나 이번 단계에서는 보다 깊이 살펴보아야 한다.

내 친구가 어떤 일을 했는지를 내가 알고 싶어하고, 그가 나에 대해 얼마나 감동했는지를 알고 싶어하는 것처럼 우리는 열 번째로 친한 친구와 함께 좋은 시절이 오기를 바라고, 이미 지나간 좋은 시절을 추억한다.

내 수행을 지도했던 몇몇 티베트 스님들은 어머니의 보살핌에 대해 "어머니는 자식을 얼마나 자신의 뼈와 살처럼 살갑게 여기는지, 그 따스한 손으로 보살피는지"에 관해 말해 주었다. 어린 아기와 아이들은 어머니가 담요를 꼭꼭 덮어줄 때 "아, 정말 좋다!"고 느낀다. 또 밖에 나갔다가 집에 들어오면 보호를 받기 위해 어머니 품으로 달려들기도 한다. 어린 아이들은 부모님 품안에서 보호받고 안전하다고 느낀다. 어린 시절 부모님 품안에서 느끼던 편안함과 안락함을 떠올려라.

만일 어머니의 크나큰 사랑과 어머니에 대해 가졌던 마음과 어머니가 당신을 위해 베풀었던 그 수많은 일들을 기억하고 지금 어머니를 바라보고 있다면, 그리고 지금 당신에게도 자녀가 있다면 밤낮으로 아이만을 위한 생각으로 가득 차 있는 어머니를 느낄 수 있을 것이다. 특히 갓난아기였을 때 어머니는 아이를 돌보기 위해 온몸과 마음을 바친다. 어머니가 단 한 시간만이라도 아이를 돌보지 않는다면, 아이에 대한 생각을 지운다면 아이는 더 이상 생명을 유지하지 못할지도 모른다. 열 시간 또는 열두 시간을 그렇게 한다면 아이는 세상을 떠날 것이다. 하루 종일 아이를 내버려 둔다면 아이는 반드시 죽음에 이르고 말 것이다.

대부분의 사람들은 어느 누구에 대해서도 하루 종일 생각하지 않는다. 대체로 자신의 일을 위해 힘을 쏟는다. 그러나 어머니들은 하루 종일 아이를 위해 바친다. 갓난아기를 둔 어머니들은 깊은 잠을 잘 수도 없다. 다만 졸기만 할 뿐이다. 그러다 아이가 울면 깜짝 놀라 일어난다. 아기들이 어머니의 시간을 몽땅 차지하기 때문에 어머니들은 늘 잠이 부족하고, 매우 힘겨워하면서도 아이를 돌본다. 아이들은 어머니를 몹시 괴롭히는 것이다. 찾아보기 어려운 일이지만, 어머니들은 아이들을 한없이 사랑하면서도 아주 가끔은 아이들이 그녀가 한때 누리던 작은 자유마저 가져갔다는 사실을 유감스럽게 생각하기도 한다. 누구에게나 어머니가 보여준 크나큰 사랑을 요구하기는 쉽지 않다.

그러나 어머니는 아무리 힘겨운 상황에 직면해도 아이들을 결코 포기하지 않는다. 라사의 불교 대학 학장인 켄서 렉덴은 말할 수 없는 출산의 고통을 겪으면서도 "아이들을 배설물처럼 던져 버리지 않고 소중히 품에 안아 돌본다."는 사실에 크게 놀랐다고 했다. 어머니가 세상에서 가장 고통스러운 일을 겪으면서도 아이들을 자신처럼 돌본다는 사실을 생각한다면 그의 충격은 충분히 이해할 만하다. 그러나 우리는 어머니가 어린 시절 우리를 포기하지 않았기 때문에 지금 우리가 존재할 수 있다는 사실을 대체로 잊고 지낸다. 켄서 렉덴의 평가는 매우 솔직하며 우리의 가슴을 울리는 표현임에 틀림없다.

때때로 우리는 "당신들이 좋아서 육체적인 관계를 맺어서 나를 임신했다. 빌어먹을! 그러니까 그들이 나를 돌봐야 해!"라고 느끼기도 한다. 우리의 탄생이 그들의 실수였고, 그들이 나를 돌보는 것은 지극히 당연하다는 것이다. 그러나 불교적 수행에서는 눈과 귀, 코, 혀, 몸, 정신 등의 인식은 결국 전생에서 삶을 마치면서 스스로 마음 깊이 묻어 둔 것이라는 사실을 깊이 관찰해야 한다. 그렇게 전생의 업들로 인해 형성된 의식들은 위로 빠져나가든 아니면 곧장 앞으로 빠져나가든 여러 가지 방식으로 몸에서 떠난다. 그리고 환생을 위해 적합한 곳을 찾기 시작할 것이다. 환생은 자신이 지은 업이 이끄는 대로 태어날 곳을 결정한다. 그리고 그때 부모가 육체적인 관계를 맺었기 때문에 인간으로서의 삶을 얻는다. 탄생은 수행할 수 있는 소중한 기회를 만났다는 의미를 지닌다. 이것이 불교적인 관점이다. 이런 시각에서 본다면 좋은 집에서 좋은 어머니를 만났다는 것은 큰 행운이다. 고아원에서 자라거나 부득이한 이유로 친부모 밑에서 자랄 수 없는 경우를 제외하고는, 모든 어머니들이 아이를 마치 자신의 생명인 것처럼 소중하게 돌본다는 사실은 명확하다.

켄서 렉덴은 우리가 태어났을 때 그저 벌레처럼 무기력한 존재와 같다고 지적했다. 일어나서 걷거나 움직여 보기를 원하지만 그저 누워 있을 수밖에 없다. 전생에서부터 가지고 온 마음이 있어도 움직이지 못한다. 새롭게 받은 몸을 스스로 사용할 수 있으려면 매우 큰 어려움을 겪어야 한다. 새로 태어난 몸은 전혀 훈련되지 않은 몸이다. 18살 한창 무렵에 장애물 경기에 참가했던 사람이 48살이 되어 다시 출전했다가 무릎과 발목이 부러진 상태와 같다. 마찬가지로 태어나면서 몸은 있지만, 전혀 훈련되지 않은 이 새로운 몸을 스스로의 의지에 따라 사용할 수 없다. 어머니가 아이를 기른다. 기저귀를 갈아 주고, 아이를 위해 모든 것을 해야 한다. 조금 지나면 어머니는 아이를 품에 안고 코에 손가락을 갖다 대며 "코"라고 가르친다. 아이가 손가락을 어머니의 눈에 갖다 대면 어머니는 "눈"이라고 소리 내어 가르친다. 아이가 이를 향해 손을 뻗으면 "이"라고 말한다. 어머니가 하루도 빠짐없이 이런 일을 하기 때문에 아이는 결국 말을 할 수 있게 된다. 지금 당신이 말을 할 수 있는 것은 온전히 어머니의 크나큰 사랑 때문에 가능했던 일이다. 어머니는 이 모든 일을 기계적으로 반복하지 않는다. 매우 놀라운 사실이다. 누군가가 크고 깊은 자비심을 지니고 있다면, 이번 생에 태어나면서부터 맺었던 어머니와의 관계에 힘입은 것이다. 결국 어머니는 '나'에게 큰 도움을 주는 존재인 친구의 표상이다. '나'는 어머니가 베푼 사랑을 받는 일에 익숙해져 있으며, 이렇게 받은 어머니의 사랑을 모든 생명을 향해 베풀 수 있게 됨으로써 자기 중심적인 이기심은 점차 줄어들게 된다. 우리는 일반적으로 다른 모든 사람이 아니라 특정한 사람에 대해 집착을 하게 되지만, 어머니에게서 받았던 사랑을 모든 생명을 향해 베풀어야겠다는 마음을 갖고 노력할 때 그러한 집착은 사라진다.

앞선 단계에서 당신은 모든 생명이 다 당신의 어머니라는 사실을 이해했다. 헤아릴 수 없이 많은 윤회를 거듭하면서 적어도 한 번은 어머니였다는 사실을 깨달았다. 이러한 깨달음을 바탕으로 명상을 하면서 당신은 모든 생명들이 당신을 위해 할 수 있는 일은 다했다는 것을 받아들이게 된다. 모든 생명들이 당신을 향해 베풀었던 크나큰 사랑을 마음에 담아 두어야 한다. 그들의 사랑을 간직하고 마음이 흩어지지 않도록 집중해서 살펴보아야 한다. 마음을 집중한다는 것*은 잊지 않는 것을 의미한다.

다른 사람이 당신에게 어떻게 사랑을 베풀었는지에 대해 이해할 때 증오는 마음에서 사라진다. 예를 들면 티베트 불교에 관한 책들을 번역하기 위한 재단에 필요한 백지수표를 누군가 내게 제공했다면 나는 크게 기뻐할 것이다. 그런데 어느 날 돈을 준 사람이 찾아와 귀찮게 한다고 해도 그에게 돈을 받아야 하기 때문에 내놓고 그에게 반감을 가질 수는 없다. 그와 계속 일을 하기 위해 다른 방법을 찾으려 할 것이다. 상대방이 어떤 종류의 사람인지를 판단할 때는 반드시 그 사람을 믿어야 하는지 믿지 못할 사람인지 결정을 하게 된다. 수행을 많이 한 불교도들은 테이블 위에서 꼼지락거리는 개미나 귀찮게 날아다니는 파리를 보고서도 '이 존재들은 전생에서 나를 돌봐 주었던 사람이며, 전생에서는 나를 잉태했던 어머니'라고 생각할 것이다.

어머니가 아이를 잉태하고 얼마나 조심스러운 몸가짐을 하는지를 알게 된다면, 어머니가 태아를 위해 베푼 사랑이 매우 위대한 것이었다는 사실을 분명하게 깨닫게 될 것이다. 어머니는 태아를 위해 영양분 가득한 음식을 먹고, 커피나 술, 담배, 약물 같은 해로운 것들을 피한다. 어머니가 임신했을 때 어떻게 태아를 돌봤는지 깊이 생각하고, 그러한 생각을 모든 생명에게 확장한다면, '전생에 이 생명은 나의 어머니였다'는 깨달음이 몇몇 소수의 생명들에게 한정되지 않고 점차 많은 생명들을 향해 확장될 것이라고 확신한다. 어머니의 사랑을 받았다는 이유 하나만으로도 직접 그러한 사랑을 베풀지 않고도 어머니의 위대한 사랑에 대해 깊이 생각할 수 있게 된다.

---

* 정려(靜慮) : 마음을 한곳에 집중시켜 산란하지 않게 하는 수행. 마음을 가라앉히고 고요히 생각함.

어머니에게서 받은 위대한 사랑, 당신이 어머니에게 진 빚은, 스스로 '내가 가장 소중하다' 고 생각하는 마음을 사라지게 한다. 종기를 제거하기 위해서는 바늘로 찔러 터뜨려야 하듯이 마음 깊숙이 자리한 '자기 중심적인 성향' 은 그렇게 함으로써 근본적으로 제거될 수 있다.

제일 가까운 친구부터 시작해서 "이 사람은 전생에 '나' 의 부모였으며 '나' 를 돌봐주었던 사람이다."라는 느낌을 가질 수 있도록 해야 한다. 나는 주로 캐나다에 살고 있는 친구를 대상으로 이 명상법을 실천한다. 그렇게 명상을 하면서 나는 커다란 즐거움에 싸여 그의 품안에서 자라났다. 그 후에는 두 번째 친구에게 향하고, 다시 친구도 아니고 적도 아닌 중립적인 사람을 대상으로 이러한 명상을 실천해야 한다.

이번 생에서 친구도 아니고 적도 아닌 무관한 사람이 전생에서는 위대한 자비를 베풀었던 사람이고 당신이 항상 그의 품으로 파고들었다는 사실에 충격을 받을지도 모른다. 그러나 그 충격은 긍정적인 의미를 지니고 있고, 당신의 마음을 활짝 열어 줄 것이다. 적의 경우에는 항상 거리감을 두고 대하기 때문에 이런 명상을 실천하기가 어렵다. 그래서 먼저 적도 아니고 친구도 아닌 사람들을 대상으로 이런 명상을 실천해서 성과를 거둔 후에 조금은 적대감이 덜한 적들을 대상으로, 그 후에 보다 강한 적들을 향해 명상을 진행하면 된다.

아마도 당신과 거의 관계가 없는 것처럼 느껴지는 친구들에게서 최상의 친구에게 느꼈던 만큼의 감정을 갖기는 어려울 것이다. 그들은 부모님처럼 따스한 손길을 내밀어 '나' 를 돌보는 존재가 아니며,

그렇게 하지도 않았기 때문이다. 목재 가게에 있는 녀석이 계산대를 떠나 나에게 편안함을 제공한다는 것은 상상하기 어렵다. 그러나 전생에서 그 녀석이 '나'의 어머니나 아버지였을 때, 그리고 '내'가 어린 아이였다면 상황은 달랐을 것이다. 물론 아직까지는 현재의 상황은 그런 상상이 불가능할 정도로 냉혹하게 보인다. 그 녀석은 사실 어머니와 비교한다면 매우 다르다.

또 적을 대상으로 명상을 하면서 아이가 어머니 품에서 자랄 때 느끼는 것과 같은 감정으로 그를 믿기는 어려울 것이다. 그런 점에서 '백 번째 전생에서 이 사람이 '나'의 어머니였다면 그는 나에게 어머니와 같이 큰 사랑을 베풀었다는 사실을 알았다.'고 느낄 수 있는 마음을 일으키기 위해서는 그야말로 정신적인 혁명이 있어야 한다. 대부분의 사람들은 적을 향해 그가 언제나 영원히 적이라도 되는 것처럼 그를 향한 증오나 분노 등의 적대감을 쉽게 포기하지 못한다. 그러나 그것은 바람직한 일이 아니다.

이전 단계의 명상에서 했던 것처럼 당신이 살아 왔던 시간들을 거슬러 올라가 사람들을 기억하지만, 이번 단계에서는 그들이 베풀어 준 배려에 진심으로 감사할 줄 아는 마음을 계발하는 단계이다. 과거에 살아 왔던 시간들을 되새기면서 명상을 하면 지난 기억들을 생생하게 떠올릴 수 있을 것이다. 예를 들면 당신이 아기였을 때 어머니 품에 안겨 있었던 상황을 기억할 수 있다. 내 경우에는 어머니 옷 위쪽 지퍼 끝에 달린 루비를 가지고 놀았던 것을 선명하게 기억한다. 우리는 그때 서로 다른 생각을 하고 있었다. 어머니는 사랑이 가득한 눈으로 나를 보고 있었고, 나는 그 루비를 가지고 노는 데 집중해 있었다. 우리는 보통 "나는 몇 년, 몇 월, 며칠에 태어났다."고 말한다. 그러나 우리의 탄생 자체를 기억하지는 못한다. "나는 다섯 살이 될 때까지 어느 도시에서 살았다."고 말하지만 그 5년에 관한 어떠한 기억도 없다. 아마도 사람들에 관한 좋지 않은 기억들처럼 애써 잊어버리기를 바라는 생각들을 계속 지니고 있기 때문일 것이다. 어머니와의 기억처럼 다른 사람들로 인해 생긴 기억들을 다시 떠올림으로써 마음속 깊이 숨어 있는 좋지 않은 기억들을 떨쳐 버릴 수 있을 것이다. 그리고 좋지 않은 기억을 준 사람들도 당신의 마음에서 멀어지고, 그들과 함께 했던 좋은 상황들이 떠오를 것이다.

다시 한 번 정리하면 이렇다.

가장 좋은 친구들을 대상으로 명상을 시작해야 한다. 그리고 그들이 어머니가 베풀었던 사랑을 '나'에게 보여 주었다는 사실을 받아들일 수 있어야 한다. 그 다음에는 조금 덜 친한 친구들, 친구도 아니고 적도 아닌 중립적인 사람들, 마지막으로 모든 적들을 대상으로 명상을 실천해야 한다.

명상 : 다른 사람들이 베풀어준 사랑에 진정으로 고마워하기

평등심을 유지하는 방법에는 두 가지 길이 있다. 첫 번째는 모든 사람들이 행복을 바라고 고통에서 벗어나기를 원한다는 사실을 깨닫는 것이고, 두 번째는 윤회를 거듭하면서 맺어 온 관계들을 통해 환생을 받아들이는 것이다. 마찬가지로 다른 사람들이 베풀어준 사랑에 대해 깨닫는 방법도 두 가지가 있다. 한 가지는 이미 설명한 대로 전생에서 다른 사람들이 당신에게 보여 준 사랑을 깊이 생각하는 것이다. 그리고 두 번째 방법은 바로 다음과 같은 것이다. **명상을 통해 깊이 들여다보아야 한다. 선한 것이 지니는 가치가 무엇인지, 다른 사람들이 실천하는 봉사의 가치가 얼마나 위대한 것인지를 생각해야 한다.** 다른 사람들이 베푸는 친절이 지닌 가치를 생각하라는 것은 그들이 호의를 베풀게 된 동기를 되새기라는 것이 아니라, 그들이 베푼 것 자체가 지니는 가치를 살펴보라는 뜻이다. 예를 들면 상점에서 우리가 원하는 물건을 살 수 있는 것은 그것을 배달하는 차를 모는 기사가 있기 때문이다. 물건을 배달해 주는 트럭 기사와 트럭 기사가 베푸는 '호의'에 관해 생각해 본다. 그는 그가 어떤 봉사를 하고 있는지 모를 것이다. 그래도 그는 물건들을 배달해 주는 호의를 베푼다. 이렇게 다른 사람이 내게 베푸는 호의가 지니는 가치를 인정한다는 것은 그가 어떤 동기에서 그런 일을 했는지 관계가 없다. 그 동기에 관계없이 그 호의 자체가 지닌 가치를 인정한다는 것이다. 나는 시계가 지닌 가치가 매우 소중하다고 생각한다. 그러나 시계는 나를 도우려는 아무런 동기가 없다. 이것이 바로 순수한 평가이다.

　당신에게 한 잔의 물을 주었던 사람이라고 해도 그가 베푼 호의에 진심으로 감사하고 그와 밀접한 유대감을 갖는다면 아마도 모든 사람들이 그러한 관계 속으로 들어올 것이다, 정말 경이로운 일이다! 이것이 바로 달라이 라마가 "친절한 행위, 다른 사람에 대한 배려가 바로 사회 자체"라고 말한 것이다. 친절을 베풀어야 한다는 동기가 없다면 사회 속에 살고 있는 것이 아니다. 또 친절함이 어떤 것인지에 대한 깨달음이 없다면 사회와 더불어 살 수가 없다. 당신은 결론적으로 다른 사람을 이용하기 위해 그를 속이는 사람일 뿐이다. 스스로에 대해 이처럼 냉정한 평가를 내릴 필요가 있다. 그렇게 한다면 사회는 보다 밝아질 것이고 우리 스스로도 건강한 삶을 살아갈 수 있다. 우리가 사회생활을 하면서 한 사람도 빠짐없이 촘촘하게 연결된 거대한 그물과 같은 관계에 의지하며 살아가고 있다는 진실을 발견할 것이다. 또한 우리 자신도 그 거대한 그물의 한 부분으로 자리하고 있다는 사실도 이해하게 될 것이다. 이제 우리는 실제로는 위험한 물건을 사는 고객을 만들어 내기 위한 행위를 멈추고, 모든 사람들이 나와 촘촘하게 연결돼 있으므로 그들에 대해 책임을 질 수 있는 일을 해야 한다는 사실을 인정할 수 있게 됐다. 진정한 상도의를 발견한 것이다.

한 티베트 스님이 버지니아에 머물던 나를 찾아와 풍요로운 사회에 살고 있는 것에 대한 의미 깊은 설명을 했다. 풍요로운 사람들은 식사를 거르지 않으며, 밤에는 어디에서 자게 될지를 안다고 했다. 좋은 호텔을 발견하지 못한다고 하더라도 집으로 갈 수 있으며, 호화로운 주택이 아니라고 해도 잘 수 있는 집이 있다고 했다. 그렇게 좋은 집이 아니어도 잠을 자기에는 충분하다. 그 집에는 튼튼한 침대가 있으며, 냉장고는 언제나 꽉 채워져 있다. 풍요로운 사람들은 다른 사람들에게 그리 많이 의지하지 않는다. 잘 곳을 찾지 못해 밖에서 헤맬 필요도 없으며, 먹을 것을 위해 구걸을 할 필요도 없다. 그러나 가난하다면 의존적인 생활을 하게 된다. 머리 위에 지붕이 없다면 쉴 곳을 찾게 되고, 잠자리를 제공하는 누군가에게 의지하게 마련이다.

그가 내게 말하고자 했던 것은 풍요로운 사람들이 다른 사람들에게 의지하지 않고 홀로 부족함 없는 생활을 할 수 있다고 생각하는 것은 잘못됐다는 것이었다. 왜 그렇겠는가? 풍요로운 사람들이 누리는 모든 생활은 실제로는 다른 사람들이 없다면 가능하지 않기 때문이다. 모든 것은 다른 사람들로 인해 생겨난 것이다. 지금 지니고 있는 돈은 사회적인 관계를 떠나 홀로 벌어들일 수 없다. 얼마나 많은 돈을 가지고 있든지, 어떻게 그 돈을 벌었든지, 당신으로 하여금 돈을 벌 수 있게 해준 그 관계를 생각해야 한다. 내 집을 지을 때 나는 수없이 많은 사람들에게 의지할 수밖에 없었다. 그것이 바로 사회적인 관계이다. 내가 부엌에서 수도꼭지를 틀었을 때 물이 나오는 것은 수없이 많은 사람들과 맺고 있는 관계 때문이다. 나는 완전히 다른 사람들에게 의지해 살아가고 있는 것이다. 그래서 우리가 풍요로운 생활을 하기 때문에 가난한 사람들보다 상대적으로 다른 사람들에게 덜 의지하고 지낸다는 사실은 거짓이다. 그 티베트 스님이 말한 대로, "그러한 의존적인 관계를 깨달을 때 자기 자신도 다른 사람들에게 소중한 것을 제공하는 존재로 살아가고 있다는 인식을 하게 되고, 자기 자신도 보다 더 가치 있는 삶을 살아가고 있다."고 여길 수 있을 것이다.

그러나 그는 "사람들은 그보다 훨씬 더 강렬하게 자신을 사랑하고, 훨씬 더 깊은 자기 연민을 한다."고 말해 나는 훨씬 견디기 어려운 충격을 받았다. 그의 말은 튼튼하기 그지없는 성을 파괴하기 위한 거대한 망치로 가슴을 내려치는 것과 같은 충격을 주었다. 강한 자기 사랑은 강한 자기 연민이다. "내게는 항상 상상할 수 있는 모든 끔찍한 상황이 벌어졌다. 이 일도 잘못되고 있고, 저 일도 잘못되고 있다. 나는 이것도 가지고 있지 않으며, 저것도 없다." 당신이 풍요로운 생활을 하고 있다고 믿으며 아무에게도 의지하지 않고 생활하고 있다고 생각하면 할수록, 결국에는 아무 것도 가지고 있지 않다는 사실 때문에 스스로를 더욱더 가엾게 여길 것이다. 매우 흥미로운 사실이었다. "이것도 제대로 안 되고 저것도 잘못 돼 가고 있다. 이 사람도 나를 적으로 여기고, 저 사람도 나를 친구로 받아들이지 않는다. 전 세계가 내게 등을 돌렸다. 내 삶은 조금도 나아지지 않을 것이다. 시시하다, 허망하다, 정말 허망하다." 반면에 당신이 가난하다면 현재 처한 상황에서 더욱더 나아지려고 진지하게 노력할 것이다. 어떻게 그 가난한 상황을 헤쳐 나가야 할지에 대해 부자로 살 때보다 훨씬 더 잘 알고 있을 것이다. 그래서 많은 것을 가지지 못했다는 사실을 그리 슬퍼하지 않는다. 그저 그 상황이 지금 당신이 살고 있는 삶의 조건일 뿐이다.

살아가면서 다른 사람에게 전혀 의지하지 않고 생활하고 있다는 잘못된 생각을 고치기 위해서는, 우리가 어떻게 사회에서 다른 사람들에게 의존적인 관계를 맺고 있는지에 대해 깊이 들여다보아야 한다. 내가 버지니아주에서도 가장 아름다운 풍경을 자랑하는 블루 리지에 호화로운 주택과 넓은 땅을 소유하고 있든지 정말 많은 것을 가진 채 풍요로운 생활을 누리고 있든지 간에, 내가 지닌 모든 것, 모든 생활은 다른 사람과 의존적인 관계를 맺고 있기 때문에 가능한 것이다.

몇 년 전 달라이 라마는 산타바바라 대학 체육관에서 수많은 청중에게 강연하면서, 영어로 자신의 명성은 신문과 텔레비전 기자들이 안겨준 것이라고 말했다. 그 스스로는 아무런 명성도 가지고 있지 않다고 했으며, 정말로 그는 아무런 명성도 갖고 있지 않았다! 실제로 명예는 다른 사람들과의 관계에 의지해 있다. 청중들 모두 진심으로 감동하였다.

친절에 보답하기

먼저 친구들을 대상으로 명상을 하고, 다음에는 아무런 관계가 없는 사람들,
그리고 적을 향해 명상하면서 깊이 관조해야 한다.
'내게 호의를 베풀었던 사람들이 행복해지도록 도움으로써
반드시 그들이 내게 베푼 호의와 내가 그들에게 지고 있는 빚을 갚을 것이다.'

제 11 장

저마다의 방식으로 보답하기

모든 사람이 당신에게 친절을 베풀었다는 사실을 깨닫는 데 가장 큰 장애는 무엇이겠는가? 내 경우는 그들에게 빚을 졌다는 마음 때문에 혹시라도 그들의 요구에서 자유롭지 못하고, 보답해야 하는 것을 걱정했다. 부모님은 많은 자유를 허용했지만, 부모님이 내게 원했던 일들을 하지 않았다. 대학 1학년을 마치고 집으로 돌아가거나 공부를 계속하는 대신 얼마 되지도 않은 저축을 털어 타히티로 무작정 떠났다. 우리 집이 속해 있던 중상류층 생활은 나와는 맞지 않았고, 가족이 나를 통제하는 것을 몹시 싫어했다. 그들이 강요한 삶의 방식에서는 아무런 매력도 찾지 못했다. 때문에 가족의 사랑을 인정하는 것을 마음으로부터 거부하고 있었다.

그러나 모든 생명이 '나'에게 사랑을 베풀었고, '나'는 그들에게 일종의 빚을 지고 있다는 사실과, '나'는 '몇몇 사람들'에게 빚을 지고 있다는 사실을 인정하는 것은 매우 다르다. **먼저 친구들을 대상으로 이러한 명상을 하고, 그 다음에는 아무런 관계가 없는 사람**

들, 그리고 적을 향해 명상을 하면서 깊이 관조해야 한다. '내게 호의를 베풀었던 사람들이 행복해지도록 도움으로써 반드시 그들이 내게 베푼 호의와 내가 그들에게 지고 있는 빚을 갚을 것이다.' 모든 생명이 '나'에게 호의를 베푼 사실과 그들이 원하는 것 그리고 '내'가 하고 싶은 것을 생각한다면, 그들이 내게 바라는 것과 내가 하고 싶은 일은 엇갈리기 쉽다. 때문에 그들이 원하는 것을 모두 할 수 없다는 사실은 분명하다. 심지어는 이번 생에서 어머니가 오로지 '나'를 위해 권하는 것을 알면서도 어머니가 원하는 것을 모두 할 수는 없다. 나처럼 여행을 많이 하고 더구나 인도나 티베트를 주로 여행한다면 '나'의 여행 자체가 어머니에게는 걱정거리가 될 것이다. 어머니는 설사병, 간장병, 신부전증 등등 내가 미처 생각하지도 못하는 병들까지 생각해 내고 그 때문에 단 하루도 마음 편히 지내지 못할 것이 분명하다.

"왜, 너는 설사약을 가지고 가지 않니?"

이 말은 이런 뜻이다.

"왜, 너는 정수기를 가지고 가지 않니?"

또 이런 뜻도 가지고 있다.

"너는 왜 큰 보온병을 가지고 가지 않니? 너는 거기에 깨끗한 물을 담아갈 수도 있어."

"저는 조그만 보온병을 가지고 가요."

"아니야, 너에게는 더 큰 보온병이 필요해. 만일 네가 탄 기차가 고장이 나면 어떻게 할 거니?"

내가 어떻게 해야 하는가? 결코 알지 못한다. 어떻게 그 많은 것을 가지고 갈 수 있겠는가? 그러나 어머니의 걱정을 한없는 사랑으로 인정하는 것이 반드시 큰 보온병을 가지고 가야 한다는 것을 의미하지는 않는다.

물론 부모님처럼 우리에게 사랑을 베푸는 사람들은 어떤 경우에는 도와주었다는 이유로 우리를 통제하는 힘을 갖기도 한다. "내가 너를 도와주었기 때문에 너는 내가 시키는 대로 해야 한다." 때문에 우리에게 사랑과 호의를 베풀어준 사람들을 습관적으로 거부하게 되기도 한다. 그렇지 않으면 어떤 의미에서는 우리를 도와주었다는 이유로 그들이 우리를 지배할 수도 있기 때문이다. 그러면서도 우리는 반드시 그들이 베푼 호의에 보답해야 한다는 사실을 분명히 알고 있다. 그렇기 때문에 '이 사람은 여러 번 진실한 마음으로 나를 도와주었다. 나는 이 사람의 호의에 반드시 보답해야 한다.' 고 생각하는 것은 자신에게는 다소 불편할 수도 있지만, 누군가의 호의에 보답해야 한다는 사실을 알기 때문에 명상을 한다. 그러나 그러한 명상을 보다 많은 대상으로까지 확장시키는 데에는 어려운 점이 있다. 사람들과 맺은 관계가 영향을 준다. 나를 도와주었던 친구와의 관계는 반드시 올바른 방향으로 작용하는 것은 아니다. 가장 가까운 친구가 나를 도와주고 '나' 에게 어떤 일을 하라고 요구하는 경우 '나를 도와준 그' 가 친구였기 때문에 그의 '통제' 를 벗어나기가 쉽지 않기 때문이다. 다른 사람들의 행복을 실현하는 데 기여하기 위한 수행을 하는 것은 매우 소중한 가치를 지닌다고 당신은 생각하지만, '나를 도와준 그' 는 그렇게 생각하지 않을 수도 있다. 또한 당신이 하기를 원하지 않거나 올바른 일이 아니라고 판단한 경우에도 '그' 는 당신에게 그 일을 하라고 권할 수도 있다. 그렇다고 해도 그들의 생각을 바꿀 필요는 없다. 그들 스스로의 방식으로 변화할 것이다. 동시에 '나를 도와준 그'가 이것저것 하기를 원한다고 해서 '나'의 행동이나 생활 방식을 바꿀 필요도 없다. 정확한 판단력과 결단력을 지니고 지금 무엇을 어떻게 해야 하는지 아는 사람은 다른 사람들이 베푼 호의에 보답하는 길을 나름대로 찾을 수 있다. 그들의 호의에 보답하기 위해 그들이 말한 대로만 행동할 필요는 없다. 그렇게 하는 사람이 진정으로 강한 사람이다.

　모든 생명은 한 사람의 어머니가 있다. 그러나 한 사람의 어머니가 모든 생명들이 원하는 것을 다 할 수는 없다. 대부분의 생명들은 저마다 원하는 것이 있으며, 그들이 원하는 것은 서로 엇갈리는 것들이 많다. 게다가 그들이 현재 원한다고 해서 모든 것을 들어 주는 일이 진정으로 그들을 돕는 최상의 선택은 아닐 것이다. '나'를 도와준 존재들의 호의에 보답하는 길 가운데 가장 위대하고 올바른 길은 '그들'이 모든 고통에서 벗어나 참된 자유를 누리도록 도와주는 일이다. 나아가 그들이 윤회에서 벗어나도록 도와 부처가 되도록 이끌어 주며, 깨달음의 희열을 맛보도록 하는 것이 그들을 돕는 최상의 선택이다. '나'를 도운 사람의 호의에 보답하기 위한 명상을 하는 과정에서 가장 중요한 것은 '그들이 나를 도움으로써 나에게 받을 빚이 생겼고, 나는 그 빚을 갚기 위해 그들이 권하는 대로 혹은 시키는 대로 할 필요가 없다'는 사실을 깨닫는 것이다. 그렇지 않으면 '나'를 도와준 사람들의 진실한 호의가 지닌 의미를 감소시키는 결과가 일어날 것이다.

당신이 모든 생명과 매우 친숙하다면 그들이 고통을 당하는 것을 보면서 어떻게 참을 수 있겠는가? 앞서 어머니와 자녀의 관계에 대해 충격 요법을 써서 가르쳐 주었던 라사의 티베트 불교대학 학장 켄서 렉덴은 이 문제에 관한 설명을 하면서, 아주 극단적인 예를 들었다. 당신의 어머니가 도랑에 빠져서 다리가 부러져 있는데도 어머니를 돕지 않을 수 있는가? 어느 누가 그렇게 하겠는가! 도랑 옆에 서서 무심히 내려다보며 "어머니의 다리가 부러졌네." 이렇게 말하고 그냥 지나칠 수 있겠는가? 아들이나 딸이 그렇게 지나치고 만다면 이 세상 누가 그녀를 도울 것인가? 아마도 당신은 주저 없이 도랑에 뛰어들어 어머니를 업고 나올 것이다.

켄서 렉덴이 그렇게 극단적인 예를 들면서 자극을 주었던 이유는 바로 다른 사람들의 호의에 보답하기 위한 마음을 기르기 위한 수행이 어떤 것인지, 왜 그러한 수행을 해야 하는지, 어떻게 실천할 것인지를 가르치기 위해서였다. 뚜렷한 목적의식에 바탕을 두지 않고 다른 사람들의 호의에 보답하기 위한 수행을 하는 것은 실제로는 '나에게 도움을 준 사람'들의 영향력 아래 놓이게 되는 것을 의미한다. 티베트 경전에서는 '다른 사람들의 호의에 보답하기 위해 그들의 통제를 받는 나'에 관한 개념을 이처럼 쉽게 바꾸어 놓았다. 그래서 '다른 사람의 도움을 받은 나'는 이제 '진정한 자비가 무엇인지를 깨달은 나'이고, '다른 사람들의 호의에 보답해야 하는 나'는 '자비의 통제'를 받는다. 이럴 경우 자비의 의미가 약해진다고 생각할지도 모른다. 그러나 '자비의 통제'가 아니라 '다른 사람들의 호의에 통제를 받는 나'는 심지어 부모님의 사랑까지도 인정하기를 꺼려하는 위치에 있었다. 다른 사람들이 베푼 호의는 실제로는 '내'가 갚아야 할 빚이라는 사실을 받아들이면서도, '나'는 그들이 원하는 대로 할 수 없다는 사실을 인정했다. 때문에 '나'는 모든 사람들에게 어떻게 보답해야 하는지를 스스로 결정해야만 했다. 이렇게 명상을 하면서 하나하나 단계적으로 깨달음으로써 '나'는 다른 사람들도 다 마찬가지라는 사실을 이해할 수 있는 가능성을 발견한다. 동시에 단계적으로 '나'와 같은 상황에 있는 사람들이 훨씬 많으며, 결국에는 모든 사람들이 다 그러하다는 사실을 깨달을 수 있다. 따라서 '나'에게 빚을 준 사람들은 점점 더 늘어나고 줄어들지 않는다. 나는 결국 모든 사람에게 빚을 갚아야 한다. 그러나 빚을 갚는 방식은 그들의 호의라는 올가미에 걸려 끌려가는 것이 아니라, 자비에 근거한 것이어야 한다! 모든 생명에 대해 빚을 지고 있다는 생각을 하는 사람들은 '나를 도와준 그'가 참으로 잘살기 위해 '내'게 권한을 주었다는 깨달음을 통해 더욱 위대한 자유를 성취한다. '나를 도와준 그'가 진정으로 잘살 수 있도록 보답하는 길은, '그는 나와 마찬가지로 행복을 원하고 고통을 바라지 않는다'는 사실을 깨닫는 것이다. 그리고 '그들이 고통에서 벗어날 수 있도록 내 역량을 모두 바치는 것'이라는 사실을 알아야 한다. 이러한 사실에 의지해서 수행을 하지 않거나, 이러한 사실을 받아들이는 것을 두려워한다면 당신은 약해질 것이다.

　고향을 떠난 몇 년 후 나는 고향에 살던 한 게이 소년의 이야기를 들었다. 그 소년은 머리를 길게 기르고 있었는데, 같은 마을에 살던 축구 선수 한 명이 그를 괴롭혔다. 축구 선수는 소년의 머리채를 잡고 벽에다 마구 부딪쳤다. 게이 소년의 어머니는 축구 선수의 어머니에게 전화를 걸어 아들의 행동에 책임지고 사과하도록 요구했다. 그 상황에서 게이 아들을 둔 어머니의 맹목적인 사랑에 사로잡힌 잘못된 태도가 옳은 것이라고 내가 인정해야 한다면, (축구 선수에게 직접 사과를 요구하지 않고 아들을 둔 어머니에게 대신 사과를 요구한 태도가 과연 옳은 것인가?) 그녀가 전생에서 나의 친구로서 베풀었던 진실한 호의에 보답하기를 바라는 마음이 생겼겠는가? 그렇지는 않다. 중요한 것은 그녀가 과거에 내게 진실한 마음으로 호의를 베풀었다고 해서 지금 내가 그녀의 잘못된 태도까지 옳다고 인정할 필요는 없다는 사실이다. 그런 상황에서 나는 그녀의 호의에 보답하기 위해 결정을 내려야 한다. 그녀가 지니고 있는 맹목적이고 완고한 태도를 그대로 옳다고 인정하는 것은 그녀에게 도움이 되지 않는다. 내가 그녀에게 보답하는 길은 먼저 그녀 스스로 '아들이 행복을 원하고 고통을 바라지 않는다'는 사실을 깨달을 수 있도록 도와주어야 한다. 그러나 맹목적이고 무지한 상황에 대해 정확하게 대응하기는 쉽지 않다.

우리는 보통 '친절함'에 대해 그것이 유전적으로 물려받은 것이든 전생에서부터 가지고 온 어떤 것이든 선물이라고 생각한다. 그럴지도 모른다. 그러나 티베트 스님들로부터 '친절함'이란 오랜 세월 꾸준히 수행을 한 사람들이 가지는 성품이라는 사실을 배웠다. 이 사실을 마음속 깊이 담아 두어야 한다. 그저 상투적인 경전 구절의 하나라고 생각해서는 안 된다. 사람들은 일반적으로 다른 사람에게 친절히 대하고 호의를 베풀려고 하지만 쉽게 장애물을 만난다. 길거리에서 구걸하는 사람들이나 어렵게 살아가는 사람들을 만났을 때 여러 가지 이유로 그리 쉽게 호의를 베풀지 못하는 사람들이 많다. 그러한 장애물을 극복하기 위한 방편은 평온한 마음으로 호의를 베풀 수 있는 사람들, 예를 들면 어머니나 친구들을 대상으로 호의를 베푸는 훈련을 반복하는 것이다. 그렇게 다른 사람들을 아무런 저항감 없이 진심으로 도울 수 있는 마음을 가져야 한다. 어쩌면 가장 어려운 대상에서부터 시작해야 훨씬 쉬울 수 있다고 생각할지도 모르겠지만, 실행에 옮기기 쉬운 사람들과의 경험에서 마음에 힘이 되는 수행을 할 수 있다. 그렇게 이룬 성과들은 큰 어려움에 부딪쳤을 때 앞으로 나갈 수 있는 토대가 될 것이다. 일상적인 감정들, '나는 걸인에게 도움을 주고 싶지만 여러 가지 이유로 마음먹은 대로 쉽게 호의를 베풀 수가 없다'는 일반적인 감정에 의해 좌절하는 일은 없을 것이다. '나'는 무엇인가? '내'가 누구이든지 오랜 세월 동안 스스로 쌓은 경험과 그것을 토대로 이루어진 기질에 익숙한 존재일 뿐이다.

제 **5** 단계

사랑

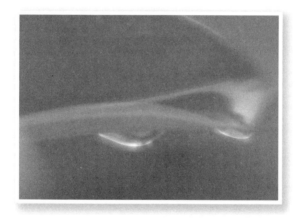

명상을 하면서 우선 가장 친한 친구를 떠올려서 깊이 생각해야 한다.
'만일 이 사람이 행복의 조건을 갖추고 있고 행복하다면 얼마나 좋은 일인가!'

제 12 장

사랑에 관한 명상

다른 사람에 대해 친밀하게 느끼는 마음을 기르면, 그들이 베푼 호의를 깊이 들여다보는 명상을 함으로써 호의에 보답하려는 마음이 생기고 그것은 다시 자연스럽게 사랑으로 발전한다. 사랑은 자비와 짝을 이룬다. 사랑이 '이 사람이 행복해지고 행복의 조건을 갖춘다면 매우 좋은 일이다' 라고 느끼는 것이라면, 자비는 '이 사람이 고통과 고통의 원인으로부터 자유로워진다면 매우 좋은 일이다' 라고 생각하는 것이다. 모든 사람이 행복과 행복의 조건을 갖춘다면 정말 좋은 일이다. 그렇지 않은가!

가까운 사람들을 향한 사랑과 영적인 사랑이 완전히 다른 것은 아니지만, 영적인 사랑은 모든 생명에 대해 '이 사람은 내 친구이고, 그렇기 때문에 그만이 나와 가깝다' 는 비뚤어진 동류의식과 편견을 없애 주는 작용을 한다. 특정인에 대한 편향된 사랑은 그가 우리에게 즐거움을 주기 때문에 형성되게 마련인데, 그가 더 이상 쾌락을 제공하지 않으면 당황하거나 갑자기 증오하기 시작한다. 그러면서도 매우 모질게 비판을 하다가도 다시 그가 쾌락이나 즐거움을 주면 그에 대한 사랑을 급격하게 회복하기도 한다.

그러나 영적인 사랑을 이루기 위한 명상은 모든 생명을 대상으로 한다는 점에서 매우 다르다. 이것을 이루기 위해서는 이전 단계에서 수행의 대상으로 삼았던 사람들과 앞으로 수행의 대상이 될 사람들을 일일이 다 염두에 두어야 한다. 그리고 모든 생명에 대한 영적인 사랑을 성취하기 위해서는 먼저 개별적인 사람들을 대상으로 수행을 시작해야 한다. 우선 친구에 대한 사랑이 쉬우므로 친구들을 대상으로 명상을 시작하면 좋다. 그리고 친구도 아니고 적도 아닌 관계에 있는 사람들, 최종적으로 적을 향해서도 영적인 사랑을 베풀수 있도록 명상을 계속한다.

명상을 하면서 우선 가장 친한 친구를 떠올려서 깊이 생각해야 한다. '만일 이 사람이 행복의 조건을 갖추고 있고 행복하다면 얼마나 좋은 일인가!' 당신은 이미 친구에 대해서는 친밀하게 느끼기 때문에 가장 친한 친구를 대상으로 하는 이러한 명상은 쉽게 성과를 거둘 것이다. **그런 다음 가장 친한 친구에게서 생긴 영적인 사랑을 바탕으로 두 번째로 친한 친구를 향한 명상을 시작한다. '이 사람이 행복과 행복의 조건을 갖춘다면 얼마나 좋은 일인가!'** 어쩌면 두 번째로 친한 친구를 대상으로 하는 명상은 그다지 강하게 다가오지 않을 수도 있다. 그러면 다음의 세 단계를 거치면 '그가 행복해지기를 바라는 마음'을 강렬하게 일으킬 수 있다. **깊이 관조한다. ① 가장 친한 친구와 마찬가지로 두 번째로 친한 친구 역시 행복을 바라고 고통을 원하지 않는다. ② 이 친구 역시 전생을 통해 이미 나에게 커**

다란 호의를 베풀었다. ③ 당신은 이 친구가 베풀어준 호의에 보답하기를 바라고 있다. 가장 친한 친구의 이미지를 이 친구에게 옮겨 놓는다. 그리고 그 다음 눈에 들어오는 사람에게 가장 친한 친구의 이미지를 겹쳐 놓는다. 다른 사람이 베풀어준 호의에 보답해야겠다는 소망이 아주 강렬해질 때까지 반복해서 명상을 한다. 최종적으로는 모든 친구들을 향해 이 명상을 계속한다.

다음 단계로 중립적인 사람을 대상으로 명상을 한다. '만일 이 사람이 행복과 행복의 조건을 슈퍼마켓에서 사는 것처럼 쉽게 가질 수 있다면 얼마나 좋은 일인가!' 나와는 무관한 사람이지만 그가 인간으로서 지켜야 하는 모든 것을 무시하는 사람이라면 어떻겠는가? 만일 당신이 그런 사람에 대해서도 마음의 변화를 일으키고 그가 행복해지기를 바라는 마음을 가질 수 있다는 사실에서 충격을 받을지도 모르겠다. 많은 사람, 나와는 아무런 관계도 없는 사람들을 대상으로 수행을 하면서 그들 각각에 대해 명상을 진행한다. 당신은 그 과정에서 경험을 얻는다. 이 단계에서 갖게 되는 경험은 본성을 가리고 있는 마음의 단절과 혼란, 자기 중심적인 생각을 말끔하게 씻어준다.

이 경험을 바탕으로 여러 종류의 적들을 향해서도 영적인 사랑을 갖는 수행을 할 수 있다. 가장 강력한 적을 대상으로 명상을 하면서 가장 친한 친구에게 느꼈던 감정을 가질 수 있을 때까지 이 말을 반복해서 염송한다. 처음에는 아무런 의미 없이 입에서만 맴돌지도 모르지만 자꾸 반복하다 보면 몸과 마음에 스며든다. '이 사람이 행복과 행복해지는 조건을 갖춘다면 그것은 얼마나 좋은 일인가!' 차

근차근 멈추지 말고 계속한다. 명상을 계속하다 보면 마음 깊숙한 곳에 뿌리 깊게 숨어 있는 나쁜 의지, 나쁜 생각을 뿌리째 뽑을 수 있다. 내 안에 깊이 자리하고 있는 누군가를 해치고자 하는 마음은 사라지고, 다른 생명을 향한 증오가 아무런 의미가 없다는 사실을 깨닫게 될 것이다.

행복해지려면 어떻게 해야 하는가

행복의 조건이 무엇인지 생각해 보아야 한다. 불교에서는 행복을 원한다면 열 가지 바르지 못한 업(惡業)을 피하고, 열 가지 바른 업(善業)을 지어야 한다고 가르친다. 열 가지 바르지 못한 업은 덕성이 없으며, 이에 반대되는 뜻으로 열 가지 바른 업을 설명한다.

■ 몸으로 짓게 되는 세 가지 악업
- 생명을 해침.
- 남의 것을 훔치는 행위.
- 성적으로 부정한 행위.

■ 몸으로 짓는 세 가지 바른 업
- 살생을 막고 생명을 보호함.
- 남의 것을 탐내지 않고, 정당한 방법으로 깨끗한 재산을 모음.
- 억지로 강요해서 다른 이에게 피해를 주는 성관계를 그만두고 올바

른 관계를 맺음.

■ 입으로 짓는 네 가지 악업

• 거짓말.

• 다른 사람 사이를 갈라 놓는 말(이간질).

• 거친 말(욕설).

• 뜻없이 지껄이는 말.

■ 입으로 짓는 네 가지 바른 업

• 거짓말을 그만두고 진실을 말함.

• 조화와 화합에 도움이 되는 말을 함.

• 욕설을 삼가고 사랑스러운 말을 함.

• 헛된 말을 삼가고 목적이 뚜렷한 말을 함.

■ 마음으로 짓는 세 가지 악업

• 바르지 못한 탐욕을 일으킴.

• 해치려는 의도에서 화를 냄.

• 옳지 못한 견해(어리석음).

■ 마음으로 짓는 세 가지 바른 업

• 탐욕을 멈추고 다른 사람들의 성공을 즐거워함.

• 해치려는 마음을 삼가고 도움을 주려는 마음을 냄.

• 어리석음을 버리고 정확하고 바른 견해를 키움.

덕은 올바른 행위를 하려는 마음이 있을 때 생긴다. 열 가지 바른 행위는 다른 사람들을 배려하고 깊은 관심을 갖는 마음이 있을 때 실천할 수 있다. 달라이 라마는 "불교를 믿는 사람들이 지켜야 하는 근본적인 윤리는 두 가지로 정리할 수 있다. 다른 사람들을 도울 수 있다면 도와야 한다. 도울 수 없다면 적어도 해치지는 말아야 한다."고 자주 설명한다. 이 두 가지 윤리는 다른 모든 경전의 내용을 뒷받침하며 가장 중요한 원칙이다. 열 가지 바른 업은 이 근본적인 원리를 마음에 깊이 새기게 하는 강력한 방편이고, 이 원리를 통해 자비가 생긴다.

평등심을 닦으면 생명을 해치고 남의 것을 훔치며, 부정한 성적 관계를 멀리하게 한다. 평등심을 이룬다는 것은 바로 자기 자신과 다른 사람들이 즐거움을 원하고 고통을 바라지 않는다는 사실을 깨닫는 것이다. 삶을 거듭하면서 한결같이 다른 사람과 친밀하게 지내고, 그들의 호의에 보답하려는 마음은 거짓말과 이간질하는 말, 욕설, 아무런 뜻도 없이 내뱉는 말을 하지 않도록 한다. 다른 사람이 젊거나 아름답거나, 건강하며 명예가 있다는 사실에 함께 즐거워하는 마음을 기르는 것은 매우 중요하다. 그러한 마음은 그들이 지닌 것을 잃어버리기를 바라는 마음에서 오는 번뇌와 질투심으로 일어나는 고통을 덜어 준다. 다른 사람이 행복과 행복의 조건을 갖추기를 바라는 마음은 그들이 잘못되기를 바라는 마음을 억제한다. 다음 단계에서 설명될 지혜를 기르는 명상은 잘못된 견해를 서서히 줄여 준다. 그래서 자비를 기르는 명상 등 모든 수행은 결국 열 가지 바른 업을 자연스럽게 받아들여 행동하며, 참된 행복을 이루는 근원이다.

행복의 조건을 갖춘 사람은 행복을 유지할 수 있는 반면에 한 순간의 행복을 누리는 사람들은 이미 지나가 버린 행복의 원인에서 비롯되는 열매를 즐기는 데 그친다. 마치 어떤 물건을 돈을 지불하고 사는 것과 같으며, 그 순간의 행복이 지나가면 쉽게 고통과 슬픔에 빠진다. 사랑은 다른 사람들이 행복하기를 바라는 단순한 소망이 아니다. 다른 사람들이 행복의 조건, 즉 열 가지 바른 업에서 오는 열 가지 덕행을 이루기를 바라는 마음을 포함하는 것이 바로 사랑이다.

명상 : 사랑의 세 단계

경전에서는 사랑을 세 가지 단계로 표현한다. 첫 번째 단계는 앞에서 설명한 대로 **'이 사람이 행복과 행복의 조건을 갖춘다면 얼마나 좋은 일인가!'** 하는 정도이다. 두 번째는 조금 더 강하다. **'이 사람은 행복과 행복의 조건을 갖추게 될 것이다.'** 제1 단계와 마찬가지로 앞으로 일어나기를 바라는 마음이지만, '만일' 이라고 가정하지 않았기 때문에 그 힘은 더욱 강해졌다. **사랑의 두 번째 단계는 첫 번째 단계와 같은 방법으로 명상한다.** 처음에는 가장 친한 친구부터 시작해서 다음 친구, 친구도 아니고 적도 아닌 사람, 조금 약한 적들, 마지막으로 가장 강력한 적들을 대상으로 명상을 진행한다. 이 명상을 할 때는 마음에서 깊이 느끼면서 해야 한다. **'이 사람은 행복과 행복의 조건을 갖추게 될 것이다!'** 사랑의 두 번째 단계는, 세상을 살면서 약해지기 쉬운 당신의 소망, 다른 사람들이 반드시 행복해질 것이라는 바람을 보호하는 것이며, 매우 활발한 정신적인 활동이라고 할 수 있다.

또한 사랑의 첫 번째 단계를 기계적으로 반복하면서 말만 바꾼다고 해서 두 번째 단계가 실현되는 것은 아니다. 분석적인 명상*이 필요하다. 여러 차례 반복해서 명상한다.

– 다른 사람들과 당신의 동등성(평등)에 관해 명상한다.

– 그 사람은 헤아릴 수 없이 많은 윤회를 거듭하면서, 반드시 최소한 한 번은 당신에게 도움을 주었다는 사실을 명상한다. 그리고 사회생활에 도움이 되는 것을 제공했다는 사실에 대해 명상한다. (그 사람이 베풀어준 호의에 대해 깊이 살펴본다.)

– 당신은 그 호의에 어떻게 보답할 것인지를 명상한다. (호의에 보답하려는 마음을 기른다.)

이러한 과정을 통해 당신의 정신 상태는 한결 높은 경지에 이르게 되고, '이 사람은 행복과 행복의 조건을 갖추게 될 것이다' 라는 당신의 소망도 특별한 힘을 갖는다. 이처럼 특별한 힘이 생성되면 명상의 과정에서 그 힘은 계속 유지된다. 그것을 느끼고, 당신의 의식을 타고 확산되도록 놓아 둔다. 그렇다고 해도 바로 다음 단계로 넘

---

* 관(觀) : 일반적으로 분석적인 명상은 지관(止觀)에서 관을 가리킨다. 관은 바른 지혜로 대상을 보는 것이며, 지는 마음을 한곳에 집중해 어떤 것에도 흔들리지 않고 들여다보는 것이다. 그러나 티베트 불교에서 분석적인 명상에 해당하는 것은 쬐곰(dpyods gom)이라고 하는데, 이것은 대상 하나 하나를 낱낱이 분석해서 살펴보는 것이다. 그래서 한자로 사찰(査察, 세말하게 살펴봄)이라고 한다. 그리고 뒤에 나오는 안정적인 명상, 즉 명상을 견고하게 하는 수행은 보통 지라고 번역하는데 이것은 티베트 불교에서 확통(lhag mthong)이라고 해서 지(止)를 성취한 이후 쬐곰을 반복해서 수행하는 것을 안정적인 명상이라고 한다.

어가서는 안 된다. 이 과정을 '명상을 견고하게 하는 단계의 수행'이라고 부른다. 이러한 명상의 상태에 안주하며 당신은 더욱 확고한 마음을 갖기 때문이다.

분석적인 명상은 인식과 느낌을 한층 더 끌어올리기 위한 성찰을 통해 발전한다. 그러나 일단 인식과 느낌이 생기면 그 단계에서 머물면서 그것을 더욱 확고하게 만들어야 한다. 그 인식과 느낌은 영원히 지속될 수 있을 만큼 강하게 보이지만 그렇지 않다. 아직까지 명상을 견고하게 하는 단계에 도달하지 못했다. 단지 한 차원 높은 경지를 살짝 들여다본 것에 불과하다. 때문에 '명상을 견고하게 하는 단계의 수행'에 머물며 이미 이룬 경지를 더욱 확고하게 만들어야 한다. 이 단계를 통해 분석적인 명상을 통해 이룬 경지가 약해지는 것을 방지하며, 그 힘을 더욱 강하게 하면 안정적인 명상의 단계에 접어든다. 이것이 명상을 통해 이룬 통찰력을 유지하는 수행법이다.

사랑의 세 번째 단계는 지금까지와는 매우 다르다. 세 번째 단계는 '이 사람은 반드시 행복해져야 하고, 행복의 조건을 갖추어야 하는데, 내가 그 밑거름이 될 것이다' 라는 것이다. 지금까지 해 온 대로 처음에는 가장 친한 친구, 조금 덜한 친구, 중립적인 사람, 조금 약한 적, 가장 강력한 적의 순서로 명상을 진행한다. 이 명상을 하는 단계에서는, 집중된 마음의 힘으로써 수행을 나태하게 만드는 장애물을 극복했던 것에서부터 시작하여 분석적인 명상의 단계에서 안정적인 명상의 단계에 이르기까지, 명상을 하면서 계발했던 모든 방편들을 활용해서 사랑의 단계를 점점 발전시키는 과정을 반복하기 시작한다. 이 시간은, 아무리 어렵고 고된 여행을 하더라도 모든 사람들을 다 진정한 행복에 이르게 하겠다는 당신 자신과 약속하는 매우 특별한 단계이다. 또한 얼마나 오랜 세월이 걸리든지 관계없이 모든 생명을 행복해지게 하겠다는 다짐을 하는 단계이다. 이것이 참된 영웅주의이다.

뉴저지에 있는 티베트와 몽골 사찰에서 5년을 지낸 후, 위스콘신에 있는 대학원에서 1학년 생활을 하고 있을 때, 정신의학 교수가 내 소식을 듣고 그의 연구실로 나를 불렀다. 그는 내게 불교의 명상법을 가르쳐 달라고 요청했다. 그때부터 우리는 매우 친한 친구처럼 지냈는데, 어느 날 그가 "수업료는 얼마나 내야 하는가?"라고 물었다. 나는 "당신이 환자에게 받는 치료비만큼만 내면 된다."고 답했다. 나는 1주일에 한 번씩 그의 사무실에 들러 명상법에 관해 들려주었다. 어느 정도 지난 후 명상의 종류를 설명하는 단계에 접어들었다. 그 순간 나는 명상을 하는 목적에 관해 설명하지 않는 편이 낫다고 결정했다. 모든 생명을 고통과 고통의 원인으로부터 벗어나게 해 주기 위해 다른 사람과 매우 가까워져야 하며 다른 사람이 행복할 수 있게 도와주는 데 명상의 목적이 있다는 사실을 말로 설명하는 것이 큰 의미가 없다는 사실을 알았다. 그래서 설명 대신 직접 체험하자고 제안했다. 우리 둘은 그의 사무실 바닥에 앉았다. 그리고 우리가 각자 아는 사람들을 한 명 한 명 떠올렸다. 가장 먼저 평등에 관한 명상을 했다. '내가 원하는 것처럼……그렇게……' 이 과정에서 서로 얻은 것들을 공유했고, 다음 단계로 넘어갔다. 그렇게 명상을 시작한 지 몇 주가 지나 그가 말했다. "이제 함께 명상하는 횟수를 줄여야 할 것 같다." 그는 환자를 치료하면서 환자가 호전되는 단계에 접어들면 상담 횟수를 줄인다는 사실을 알고 있었기 때문에 나는 우리의 만남을 2주에 1번으로 줄였다. 그 해가 끝날 무렵 우리는 많은 진전을 이뤘다. 우리는 각자 어떻게 살아가고 있는지 서로 느낄 수 있었으며, 서로의 삶에 관해 면밀하게 살펴볼 수 있을 정도로 경이로운 시간을 함께 했다. 수행은 급진전했다. 궁극적으로 우리는 사무실 바닥에 앉아 모든 사람이 행복해지고, 모든 사람이 고통에서 벗어나기를 진심으로 바라는 마음을 길렀으며, 우리 전부를 헌신했다. 나는 그와 함께 찬란하고 황홀한 시간을 보냈다.

적의 가치 : 진보를 위한 상황들

사랑의 단계를 하나하나 완벽하게 내 것으로 만드는 데 가장 큰 걸림돌은 바로 적이다. 적은 '나에게 해를 끼쳤던 사람, 나를 해치는 사람, 나를 해칠 사람'이라는 선입견을 없애는 데 가장 견고한 장애가 된다. 대부분 우리는 적이 행복을 가로막는 존재로서 그들을 피해야 한다고 생각한다. 그러나 달라이 라마는 그들의 가치를 받아들여야 한다고 반복해서 가르친다. 적은 우리의 수행이 앞으로 나아갈 수 있는 상황을 제공하기 때문이다. 그들은 물론 도우려는 동기를 가지고 있지 않지만 결과적으로 그런 상황을 만들어 준다. 예를 들면 농부는 작물이 잘 되는 좋은 땅을 소유하고 있다. 그 땅은 농부를 도우려는 어떤 의도나 동기도 없지만, 농부는 땅을 매우 소중하게 여기고 보호한다.

달라이 라마는 그가 직접 경험했던 사실을 예로 들며 적에 대해 다시 한번 생각해 볼 수 있는 흥미로운 관점을 제시했다. 전 세계를 다니며 강연을 계속하는 동안 그는 빼놓지 않고 그의 견해가 옳다는 것을 증명했다. "당신이 수행을 하는 과정에서 당신에게 화를 내는 사람이 없다면 어떻게 참는 마음*을 기를 수 있겠는가? 그러므로 적은 매우 소중한 존재다."

우리가 겪는 어려움은 사랑을 기를 수 있는 기회가 된다. 한 발 더 나아가 우주적인 사랑, 보편적인 사랑과 어떻게 가까워지고 멀어지는지를 실제로 측정할 수 있는 기회를 제공한다. 실제로 수행이 얼마나 진전했는지 직접 맞닥뜨린 상황을 통해 확인하는 경우를 제외한다면, 우리의 수행이 바른 방향으로 가고 있는지 잘못돼 가고 있는지 어떻게 알 수 있겠는가? 수행을 하면서 직면하게 되는 어려움들은 우리의 수행이 얼마나 표면적인 것이었는지를 단 한 번에 드러내는 기회를 제공한다. 이 기회를 통해 우리의 수행은 더욱 깊어진다.

인도의 위대한 학자이자 수행자인 용수 보살은 적에 관해 얼핏 보면 불공평해 보이는 충고를 하고 있다. 적을 극복하기 위해서는

---

* 수행에 반드시 필요한 요건으로, 세상의 온갖 모욕과 고통, 번뇌를 참으며 원한을 일으키지 않는 상태를 말한다. 세상 사람은 누구나 자기에게 이롭거나 자기를 칭찬하면 즐거워하고, 해롭거나 모욕하면 화를 낸다. 불교에서는 이런 사람을 가리켜 범부(凡夫)라 하고, 이런 범부들이 모여 사는 세상을 사바세계(娑婆世界)라 한다. 사바는 의역(意譯)하면 인토(忍土)라는 뜻으로, 즉 인내하는 세상이라는 말이다. 인욕이란 사바세계에서 범부들에게 일어나는 모욕이나 고통, 번뇌를 견디고 참아서 마음을 어지럽히지 않고 평온하게 해서 자기 본래의 면목을 찾는 것이다.

'내'가 먼저 선한 마음을 가져야 한다고 지적했다.

> 적을 기쁘게 하지 않으려면
> 먼저 스스로의 악한 마음을 없애고 미덕을 길러야 한다.
> 그렇게 하면 스스로 이익을 얻을 수 있을 뿐만 아니라
> 적을 기쁘게 하는 일도 없을 것이다.

용수 보살은 적을 공격하고 비판하기보다는 우선 스스로 선한 마음을 길러야 한다고 했다. 그러면 적을 이롭게 하는 일이 없을 것이라고 했다. 얼핏 보면 너무나 이기적인 태도처럼 보인다. 그러나 주된 요점은 나쁘게 될 것이라면 현명하게 나빠지라는 것이다. 달라이 라마는 자주 농담처럼 들리지만 매우 심각한 충고를 한다. 이기적이 되려면 현명하게 이기적이 되라고 한다. 그것은 다른 사람에 대한 사랑과 봉사는 결국 자신에게 돌아온다는 뜻이다. 정말로 자기 자신을 사랑하고 봉사하려고 한다면 다른 사람에게 사랑과 봉사를 베풀어야 한다는 뜻이다. 행복을 이루려고 노력하는 방법 중에서 최악의 길은 적에 대해 '그들은 사람이 아니다'라고 생각하는 것이다. 그들을 사람의 범주에서 몰아내고 오로지 당신 자신에게만 집중하는 것이다. 적이라고 해도 그들은 영원히 인간이라는 사실을 잊지 말아야 한다.

용수 보살은 《보행왕정론》에서 위대한 힘을 창조하는 자애로움에 대해 이렇게 노래한다.

하루에 세 번씩 삼백 그릇의

음식물을 매일 공양한다 해도*

자비를 한 순간 베푼 공덕의

백분의 일에도 미치지 못한다.

비록 해탈에 이르는 일이 없더라도

자비의 여덟 가지 공덕**을 이루면

신들과 사람들이 모두

자애로움으로 보호할 것이다.

그들의 자애로움으로

정신적이고 육체적인 모든 즐거움을 누리며

어떤 독이나 무기도 해치지 못할 것이다.

일하지 않고도 재물을 얻으며

---

* 인도 카스트 제도 가운데 서민 계급이라고 할 수 있는 바이샤들이 지켜야 하는 법으로 모든 생명에게 먹을 것을 베풀어야 하는 의무를 가리킨다.
** 자비를 특징으로 하는 여덟 가지 공덕을 이룬다고 되어 있는데, 한문본에서는 10가지로 되어 있다. 이 여덟 가지 공덕은 결국 보살이 중생을 제도하기 위해 수행을 하는 목적이기도 하고, 보살의 서원이기도 하다. 산티데바가 노래한 보살의 여덟 가지 수행을 소개한다. ① 모든 중생을 위해 깨달음을 이루려는 마음을 가지고 모든 생명에게 항상 자비를 베품. ② 누구를 만나더라도 항상 그를 가장 뛰어난 존재라고 마음속 깊이 받아들임. ③ 어떤 행위를 할 때는 항상 자신의 마음을 잘 살펴보고, 자신과 다른 사람을 위험하게 하는 번뇌가 생기면 확고하게 맞서 극복함. ④ 무거운 죄나 고통 때문에 괴로워하는 중생을 만났을 때 마치 귀한 보물을 발견한 것처럼 자비심으로 대함. ⑤ 다른 사람이 나를 질투해서 모욕을 해도 패배는 내가 떠맡고 승리는 다른 사람에게 돌림. ⑥ 어떤 사람이 그의 목적을 위해 이치에 어긋나게 나를 상하게 해도 그를 가장 어진 스승으로 대함. ⑦ 어머니인 모든 중생에게 행복과 이익을 바치고, 그들의 고통을 조용히 떠맡음. ⑧ 모든 현상은 환상과 같은 것임을 알고 집착에 얽매인 상태에서 벗어남.

범천의 세계*에 태어날 수 있을 것이다.

나보다 열두 살이나 많은 형은 어린 시절 다양한 방법으로 나를 괴롭혔다. 형은 아침마다 내 침대로 와서 간지러움을 태웠다. 내가 간지러움을 참지 못하고 담요 밑으로 숨으면, 위에서 꼼짝 못하게 눌렀다. 나는 결국 숨이 막혀 울음을 터뜨리고 말았다. 나는 2층에서 내려올 때마다 매우 애를 먹었다. 슬리퍼는 내 발보다 작았고 밑창이 부드러운 가죽으로 되어 있어서 미끄러웠기 때문이다. 하는 수 없이 계단 난간을 잡고 조심스럽게 내려와야 했는데, 난간은 너무 높았다. 그래서 겨우 난간을 잡고 내려올 때면, 형은 어느새 계단을 뛰어올라와 난간에 매달리다시피 내려오는 내 귀에 대고 '키 작은 난쟁이'라고 놀려대곤 했다. 그러면 나는 그에게 놀림을 당했다는 사실이 너무 분해 손을 놓치고 계단 아래로 굴렀다. 그냥 무시하면 될 것을 번번이 계단에서 구를 수밖에 없었다.

몇 년 후 나는 고등학생이 되자 레슬링을 했다. 그래서 매우 강한 힘과 민첩함을 갖게 되었다. 어느 날 우리 형제는 밖에서 마주쳤다. 나는 복수하기 위해 그를 향해 달려 들었다. 형도 내 힘이 세다는 사실을 알고 있었기 때문에 재빨리 도망치려고 했지만 내가 더 빨랐다. 내게 잡히자 형은 방어 자세를 취했고, 나는 주먹을 뻗어 그를 때리려 했다. 그러나 그 순간 주먹을 멈추고 팔을 내렸다. 형이 나를

---

* 한문 번역본에는 색계(色界)로 되어 있다. 색계는 성욕과 음식에 관한 욕망이 사라지지만 즐길 수 있는 능력은 가지고 있으며, 선정천에 머무르는 신들을 포함하는 곳이며, 사선정을 통해 이곳에 환생할 수 있다.

괴롭힌 데 대해 복수할 기회가 왔지만, 괴롭히고 당하는 상황을 반복하고 싶지 않았다.

사랑은 모두에게 즐거운 어떤 것을 찾아내는 것이다. 그것은 밖에서 오는 것이 아니다. 바로 그 순간 사랑하는 것이다. 사랑은 어떤 생명이 행복을 원하고 고통을 바라지 않는다는 사실이며, 바로 그 사람이 무한한 과거에서 어느 한 순간 나의 가장 좋은 친구였다는 사실이어야만 한다. 티베트에서는 사랑에 대해 '그 사람이 아름다운 모습으로 마음에 다가오는 것'*이라고 정의한다. 사랑이란 어떤 사람이 문제가 있다고 해서 밀어내는 것이 아니다. 그 사람의 태도와 행동이 얼마나 잘못돼 있는지 관계없이 있는 그대로를 받아들일 수 있도록, 그 사람과 당신이 얼마나 유사하며 가까운지를 느끼는 것이다. 이것이 영적인 사랑을 강하게 만드는 수행법이다.

나는 달라이 라마가 일상생활에서 크고 작은 방법으로 마음을 다해 사랑을 베푸는 모습을 보았다. 로스앤젤레스에서 우리는 기금 모금을 위한 만찬에 초대받았다. 그 모임에는 리처드 기어와 해리슨 포드, 영화 E.T와 쿤둔의 시나리오 작가인 멜리사 마티슨 등이 함께하고 있었는데, 약속 시간에 늦고 말았다. 그래서 우리는 달라이 라마를 모시고 호텔 주방을 가로질러 만찬장으로 향했는데, 갑자기 달라이 라마가 내게 기댔다. 그때 시간은 저녁 6시 30분쯤이었는데 그는 새벽 4시 30분부터 잠시도 쉬지 못하고 일정을 소화하고 있었

---

* 이것을 티베트어로 'yid du 'ong ba, 이두 옹와' 라고 하는데 상대방을 아름답고 사랑스럽게 생각한다는 뜻이다.

다. 그는 "매우 피곤합니다."라고 조용히 말했다. 그때 일행들은 누가 어떻게 호텔의 주방이 지름길이었다는 사실을 생각했는지 모두 놀라워하고 있었다. 모두가 주변을 둘러보며 신기해 하는 동안 나는 "그리 놀라운 일도 아닙니다."라고 말했다. 내게는 사실 달라이 라마가 새벽부터 저녁 시간까지 쉴 새 없이 움직이고 있었다는 사실이 더 놀라웠기 때문이다. 우리가 주방을 가로질러 가고 있을 때 요리사 대여섯 명이 바쁘게 일하고 있었다. 달라이 라마는 걸음을 잠시 멈추고 그들 쪽으로 다가가서 미소를 지었다. 요리사들은 무심한 눈으로 그를 바라볼 뿐이었다. 달라이 라마는 조금 더 활짝 웃었다. 그때까지도 아무런 반응이 없었다. 그러자 달라이 라마는 더욱 밝고 큰 미소를 지었다. 그때 요리사들이 갑자기 웃으며 미소를 보냈다. 주방에 존재했던 거리감은 어느 새 없어졌고, 달라이 라마의 피로도 말끔히 사라졌다.

그날 만찬에서 달라이 라마는 보통 때와 다르게 영어를 사용하며 긴 강연을 했다. 그는 강연을 시작하면서 겉으로는 아무리 좋아 보이는 사람도 안으로는 얼마나 몸 상태가 좋지 않은지에 관해 길게 이야기 했다. 스스로는 매우 고통스러운데도 다른 사람들이 건강하게 바라본다면 참으로 힘들 것이라고 했다. 그 다음에 몹시 야만적인 중국 공산당 때문에 티베트가 어떤 비참한 상황에 빠져 있는지 매우 길게 묘사했다. 그리고 압제자가 저지르고 있는 잘못에 대해 어떻게 사랑으로 대해야 하는지에 대해 설명했으며, 보통의 사람이라면 살생과 폭력을 일삼는 그러한 잘못을 저지르지 않는다는 사실을 이해해야 한다고 역설했다.

제 **6** 단계

자비

자비는 모든 생명들이 고통과 고통의 원인에서 벗어나기를 바라는 진심어린 소망이다.
무한하게 계속되는 고통 받는 생명들이 모두 해탈하기를 바라는 것,
그들 모든 생명이 다 행복해지기를 바라는 것이 과연 가능한 일인가?

|| 제 13 장 ||

자비의 개관

자비는 모든 생명들이 고통과 고통의 원인에서 벗어나기를 바라는 진심어린 소망이다. 인도의 학자이자 수행자이며, 티베트에서 수행의 근원으로 널리 알려진 찬드라키르티는 영적인 수행에서 가장 중요한 것으로 자비를 찬탄했다.

모든 생명의 고통을 가엾게 여기는
비심(悲心)은 그 자체로
모든 생명을 기르는 물과 같고
영원한 복락이 가득 찬 것으로서
부처님의 지혜를 풍성하게
거두는 씨앗이 됩니다.
그러므로 나는 가장 먼저 자비에 귀의합니다.

가엾게 여기는 마음과 자비는 같다. 찬드라키르티는 자비에 대해 부처가 되는 근원이라며 찬탄하고 있다. 그는 깨달음을 이룬 존재가 되는 원인이라고 자비를 찬탄하면서 그 결과인 부처님을 함께 찬탄한다. 그러나 그가 강조하는 것은 불성은 자비에서 비롯된다는 사실이다.

자비는 보살들이 중생을 제도하기 위해 닦는 수행(보살도)의 근본이기 때문에 씨앗이라고 한다. 보살들은 완전한 깨달음을 이루려고 수행에 전념하지만, 그 목적은 모든 생명의 행복과 해탈을 위한 것이다. 보살들은 자비심이 있다는 면에서 불교에 나오는 다른 성자들과 차이가 있다. 보살들은 고통과 고통에서 벗어날 모든 생명을 그들 자신과 연결한다. 또한 그들은 위대한 사랑이 있으며, 행복과 행복의 조건을 갖춘 모든 생명과 그들 자신을 연결한다.

수확은 씨앗이 있어야 가능하다. 씨앗이 없다면 그 누구도 열매를 거둘 수 없다. 불성의 근원은 자비이다. 지혜는 불성을 성취하는 데 반드시 필요한 것이지만 흔들림 없는 자비심 또한 반드시 필요하다. 성문이나 연각, 아라한들은 그들 나름대로 모든 존재의 참모습을 보기 위해 수행하지만, 그들이 이룬 깨달음과 보살의 깨달음은 조금 다르다. 자비는 그 자체로 불성의 씨앗이다.

씨앗이 땅에 뿌려진 후에는 자비는 빗물과 같이 곡식을 길러 준다. 자비는 수행자의 마음에 자양분을 공급한다. 끊임없이 자비를 닦음으로써 보살들은 수행의 진전을 이룬다. 불성의 품안에서 자비는 무르익는다. 자비는 사람들에게 즐거움을 주는 잘 익은 열매와 같다. 완전히 무르익은 자비는 모든 생명이 원하는 것을 들어 주기에 적합한 모습으로 출현하는 부처의 바탕이 된다는 점에서 잘 익은 과일과 같다.

무한하게 계속되는 고통 받는 생명들이 모두 해탈하기를 바라는 것, 그들 모든 생명이 다 행복해지기를 바라는 것이 과연 당신이나 티베트 스님들에게 가능한 일인가? 이미 고통 받고 있거나 무한하게 계속 태어날 모든 존재를 해탈에 이르게 할 수 있는가? 그것을 바라는 사람이 있다면 거의 제정신이 아닐 것이라고 생각될 것이다. 속된 말로 미치지 않고서야 그런 소망을 가지고 또 실현하려고 하겠는가? 한 사람, 아주 보잘것없는 한 사람이 스스로 한 도시에 사는 모든 사람을 고통에서 해방시켜야 하는 책임을 떠맡았다면 그것이 정상적인 상황인가? 이러한 상황을 이상하다고 생각하지 않는다면, 거기에 대해 어떤 생각도 해 보지 않았기 때문일 것이다.

그런데 그런 소망을 가진 사람들이 있다. 그들은 스스로에 대해, 오직 모든 생명들이 고통에서 자유롭고 행복해지는 것을 돕기 위해 깨달음을 이루는 존재라고 여기고 수행에 전념한다. 그들은 또한 주변에 있는 생명뿐만 아니라 무한한 공간의 모든 생명, 시작도 끝도 없는 시간의 모든 생명을 위해 수행한다. 모든 생명이 바로 그들의 친구와 다르지 않다고 생각한다. 그런 사람이 된다는 것에 대해 어떻게 생각하는가?

자비의 종류

자비*에는 세 가지가 있다. 첫 번째는 모든 중생이 고통 받는 존재, 즉 고통으로 괴로워하고 늘 변화하기 때문에 괴로워하며, 번뇌에 물들어 있기 때문에 괴로워하는 존재로 보는 자비이다(衆生緣慈悲). 두 번째 자비는 모든 생명에 대해 삶이 유한하고 무상하다고 보는 자비이다(法緣慈悲). 세 번째 자비는 모든 생명이 본래 공하다고 보는 자비이다(無緣慈悲). 모든 생명은 본래 자기 스스로 홀로 존재하지도 않으며, 자신이라고 내세울 것도 없다. 모든 생명은 항상 고통의 바다를 헤매는 존재임을 설명하기 위해 종종 우물에 묶여 있는 두레박을 예로 든다. 모든 중생이 영원하지 않다는 사실을 설명하기 위해서는 바람에 흔들리는 물결에 비친 달을 비유하며, 마지막으로 모든 생명이 본래 다 공하다는 것에 관해서는 고요하고 맑은 물에 비친 달의 예를 들어 설명한다.

또 주관적인 의지에 따라 형성되는 세 가지 자비의 특징이 있다. 이것은 자비의 의식 자체가 어떻게 활동하고 있는가에 의해 다른 모습을 보인다. 첫 번째는 '모든 존재들이 고통과 고통의 원인에서 자유롭게 된다면 얼마나 좋겠는가!' 라고 하는 의지의 표현이고, 두 번째는 '그들은 고통과 고통의 원인에서 반드시 자유롭게 될 것이다.' 라고 보는 확신이다. 세 번째는 '나는 반드시 그들을 고통과 고통의 원인에서 자유롭게 하고야 말겠다.' 라고 강력한 의지를 나타내는 것이다.

자비는 우리 내면 깊숙한 곳에 자리잡고 있는 본성을 의미하지만, 우리가 오랜 생을 지나면서 수없이 많은 업을 지어 왔고 그 업이 갖

---

* 자비 : 자비(慈悲)에서 자(慈, maitrī)는 중생에게 기쁨을 주는 것, 또는 모든 중생의 즐거움을 함께 기뻐하는 마음이고, 비(悲, karuṇā)는 중생의 고통을 함께 슬퍼하는 것이다.

는 힘에 묶여 있기 때문에, 처음 수행을 할 때는 자비가 우리의 본래 성품이 아닌 것처럼 여겨질 것이다. 그러나 명상을 통해 자비에 익숙해지면 그러한 장애물은 쉽고 말끔하게 극복된다. 이제 다음 세 장에서 세 가지 자비를 익히는 수행법에 관해 설명하겠다.

| 제 14 장 |

고통 받는 생명들을 살피는 자비

찬드라키르티는 세 가지의 자비에 경의를 표했다. 첫 번째는 고통 받는 존재들을 살피는 자비라고 부른다. 모든 생명이 고통과 고통의 원인에서 자유롭게 되기를 바라는 마음을 기르는 데 중요한 자비이다. 윤회에 빠진 존재의 비참한 상황을 깊이 살펴보아야 한다.

찬드라키르티는 태어나고 늙고 병들고 죽는 윤회가 모든 것의 참모습을 알지 못하는 무지에서 태어나 집착과 탐욕심으로 자란다고 설명했다. 이것은 우리 자신의 의미가 실제 이상으로 과장되었으며, 자기 자신의 의미에 대해 지나치게 집착함으로써 많은 문제가 생긴다는 것을 뜻한다. '내'가 지나치게 중요시된다면, 내가 소유하고 있는 마음과 몸, 즉 '나의 것'이라는 생각이 지나치게 강해진다. 우리가 보통 '나의 마음'이라고 말할 때 '어떤 것'을 우리의 것이라고 한다. 몸, 마음, 손, 머리, 집, 옷 등이 '나의 것'이라는 사실은 진실이다. 그것들은 우리에게 속한 것이지만, 우리가 그것들을 가지고 있다는 점에 대해 지나친 의미를 부여한다.

'내'가 실재한다고 확신하면, '나의 것' 또한 실재한다고 확신하게 되고, 나의 소유를 더욱 늘리고 지키려는 욕망과 그것을 방해하는 존재에 대해 증오심을 갖게 되며, 비참하기 그지없는 윤회에 빠져들게 된다. 짐승으로, 굶주린 유령(아귀)으로, 지옥이라는 비참한 세계로 윤회한다. 그리고 인간계, 아수라(半人半神), 천상(神)이라는 보다 고귀한 생으로 환생을 거듭한다. 전 우주에 살고 있는 모든 생명들은 이렇게 윤회를 거듭하며 고통을 피할 수 없다. 이러한 인식이 바로 당신은 얼마나 심한 두통을 앓으며, 얼마나 많은 병이 있고, 지금은 건강하다고 하더라도 반드시 병에 걸린다는 사실을 깨닫게 한다. 또한 당신이 누리는 즐거움이 어떻게 고통으로 바뀌며, 왜 번뇌로 인한 고통에 사로잡혀 살아가야 하는지에 대해 이해하게 되는 첫걸음이다.

명상 : 우물에 걸린 낡은 두레박

찬드라키르티는 우물의 두레박을 예로 들어 모든 생명들이 어떻게 고통 받는지에 대해 생생하게 설명했다.

먼저 자기 자신에 대해 '나'라고 집착하고,
그 다음에는 사물에 대해 집착함으로써,
'이것은 나의 것이다'라는 생각을 일으킴으로써,
우물을 오르락내리락 하는 두레박같이 무기력하게
윤회를 거듭하는 중생들을 위한 자비심에 귀의합니다.

도르레에 묶여 우물 속에 있는 두레박을 명상한다. 두레박은 물을 긷는 사람의 기계적인 조작에 의해 통제된다. 어둡고 깊은 바닥으로 내려갔다가 밝은 곳으로 올라오는 일을 반복한다. 밝은 빛을 향해 끌어올려질 때는 어렵고 힘이 들지만, 어두운 암흑의 밑바닥을 향해 내려갈 때는 쉽게 곤두박질친다. 어느 때에 내려가고 어느 때에 올라가는지 스스로 결정할 수도 없다. 쉼 없이 오르락내리락하면서 우물 벽에 긁히며 요란한 소리를 내고 부딪치고 부서져 나간다.

두레박이 도르레에 묶여 있는 것처럼 우리도 욕망과 증오, 무지에 의해 지은 과거의 업에 묶여 있다는 사실을 깊이 들여다본다. 물을 긷는 사람이 여러 개의 두레박이나 단 하나의 두레박을 매단 도르레를 돌림에 따라 오르락내리락하는 것처럼, 우리도 스스로 지은 업에 의해 형성된 의식으로 인해 윤회의 세계를 떠돈다는 사실을 관조한다. 두레박이 우물 바닥으로 곤두박질쳤다가 위로 끌어올려지는 것과 같이 우리는 윤회의 세계를 떠돈다. 지옥, 아귀, 짐승, 반인반신, 인간, 신들로 태어나기를 반복한다. 두레박이 우물 밑바닥을 향해 내려갈 때는 쉽게 곤두박질치지만 위로 끌어올려질 때는 매우 힘이 드는 것처럼, 우리의 마음도 탐욕, 증오, 무지로 인해 더 비참하고 낮은 존재로 쉽게 내려간다는 사실을 알아야 한다. 또 보다 높은 존재로 윤회할 때는 매우 많은 노력을 해야 한다는 것을 이해해야 한다. 우물에서 물을 긷기 위해 도르레를 얼마만큼 돌릴 때 두레박이 맨 위에 있고, 중간에 있게 되며 밑바닥에 곤두박질치는지를 알기 어려운 것과 마찬가지로, 우리의 번뇌와 업, 고통의 순서가 어떻게 되는지 결정한다는 것은 불가능하다. 두레박이 우물 벽에 부딪쳐 깨지는 것처럼, 우리도 정신적이고 육체적인 고통에 부딪쳐 상처를 입는다. 그러한 고통은 쾌락이 통증으로 바뀔 때 일어나는 고통이며, 인연에 의해 생겨난 존재라는 사실에 의해 일어나는 고통이다. 모든 생명은 두레박처럼 무기력하게 비참한 상태와 보다 고귀한 세계를 방황하며 윤회를 거듭한다.

   분석적인 명상을 통해 모든 생명이 받고 있는 고통을 생생하게 느낄 수 있을 때, 이전 단계의 명상에서 개발한 친숙함을 바탕으로 가장 친한 친구를 대상으로 명상을 시작한다. '만일 이 사람이 고통과 고통의 원인으로부터 자유롭게 된다면 얼마나 좋은 일이겠는가!' 라고 깊이 들여다본다. 자비심이 강렬하게 일어날 때 안정적인 명상의 단계에서 이 수행은 쉽게 가슴에 와 닿는다. 그러면 그 다음 친한 친구로 옮겨간다. 이번 단계의 명상에서 성과를 거두었다면 그 명상을 계속 반복하고, 더욱더 강한 자비심을 기르는 것이 필요하다면 보다 세밀하게 살펴보면서 명상을 반복한다. 그리고 중립적인 사람들, 약한 적들, 마지막으로 가장 강력한 적들을 대상으로 이 명상법을 진행한다. 명상 수행에서 견실한 성과를 거둔다면 적과 친구, 친구도 적도 아닌 사람들이 있다는 편견의 벽은 사라지고, 참된 보편성이 열릴 가능성이 보인다.

   두 번째 단계의 자비를 명상하면서, '그들은 고통과 고통의 원인에서 반드시 해방될 것이다!' 라고 깊이 관조한다. 이 두 번째 단계가 성공하면 세 번째 단계로 나아가서, '나는 반드시 그들을 고통과 고통의 원인에서 자유롭게 해 줄 것이다.' 라고 관조한다. 이 단계에서 당신은 모든 생명을 고통으로부터 자유롭게 하겠다는 짐을 스스로 떠맡는다. 물론 누구도 이 짐을 혼자 떠맡아야 하는 것은 아니지만, 스스로 나 홀로 이뤄 내고야 말겠다는 의지를 갖게 된다면 그렇게 할 수 있을 것이다. 이런 명상의 과정에서 당신은 보다 많은 인내심과 인욕심, 관용이 생긴다. 분노라는 장애는 멀리, 저 멀리 사라진다.

이번 단계의 명상에서 성공을 거두는 과정에서 때때로 마음이 따뜻해지는 것을 경험할 것이다. 어떤 경우에는 오랜 수행을 통해서만 성취가 가능한 경이로운 경지를 경험하기도 할 것이다. 그럴 때는 그 경지에 머물면서 그것을 확고하게 만드는 수행을 해야 한다. 이번 명상에서는 많은 과정에 대해 설명했지만 한 번에 한 단계만 실천할 수 있고 관조할 수 있다. 그러면서 그 단계들 각각은 새로운 지평을 열어 간다.

이처럼 우물에 걸린 두레박을 예로 들어 처음 명상을 하면서 비참하고 무기력한 존재로서의 두레박이 마치 자기 자신과 같이 생생하게 느껴지고 두레박과 하나가 될 것이다. '두레박이 겪는 고통은 바로 내가 겪어야 하고, 겪고 있는 고통이다.' 그리고 당신 스스로 겪는 고통이 어떤 것인지 깨닫게 된다. 스스로 겪는 고통이 어떤 것인지 깨달으면 윤회를 벗어나려는 마음을 일으킨다. 그리고 이전 단계의 명상을 통해 당신과 친해지고 가까워진 사람들, 즉 다른 존재들을 이해할 때 자비심이 일어난다. 그들이 나와 다른 존재라는 생각에서는 자비심이 생길 수 없다. 나와 다른 모든 생명이 고통을 겪고 있는 존재이고 그들이 나와 가깝다는 생각을 하지 않는다면, 그들을 가엾게 여길 이유가 있겠는가?

| 제 15장 |

무상한 존재들을 살피는 자비

시인들은 생이 끝나갈 무렵 삶이 얼마나 무상한지 시를 쓰기도 한다. 삶이 무상하다는 사실을 깨닫기 위해 일생을 바치는 시인도 있다. 젊음은 언젠가는 사라지고 그것도 아주 빠르게 늙어 간다는 것은 진실이다. 나이가 많은 사람들은 자주 "너 또한 늙을 것이다."라고 말한다. 그들이 말하고자 하는 것은 누구나 늙는다는 단순한 사실이 아니라, 젊음이 오래 유지될 것이라고 믿는 잘못된 자만심을 경계하는 것이다. "나도 한때는 젊었다."고 말한다. 또 "그러나 그것은 불과 며칠 전의 일이었다. 지금의 나를 보라."고 말한다. 그들은 젊음과 늙음에는 차이가 없다고 말하고 싶은 것이다. 당신은 젊다. 그리고 뒤돌아보면 십 년이 훌쩍 지나갔다. 그들이 들려 주고 있는 것은 젊은 사람들이 "나는 이것을 할 것이다. 저것을 할 계획이다."라며 미래에 대해 말하지만, 생각만큼 미래는 확실하지 않다는 것이다.

우리는 누군가 죽었을 때 왜 충격을 받는가? 우리는 모든 사람은 반드시 죽는다는 사실을 알고 있다. 우리 자신도 반드시 죽는다는 사실을 알고 있다. 그러면서도 죽음에 대해서는 놀라워한다. 세월이 그처럼 빠르게 흘러간 것에 충격을 받는 것은 우리가 '존재'에 대해 잘못 바라보고 있었다는 점을 시사한다. 존재에 대한 우리의 인식에는 분명히 과장된 면이 있다. 그렇지 않다면 사물들이 변할 때 우리는 왜 크게 놀라겠는가?

명상 : 물결이 이는 호수에 떠 있는 달 관조하기

찬드라키르티는 모든 생명들이 고통 받는 존재라는 사실을 보는 자비 외에도 모든 생명들에 대해 무상하다고 바라보는 자비가 있다고 말했다.

마치 물결치는 호수에 떠 있는 달처럼
무상하게 윤회하는 존재들을 위한
자비에 귀의합니다.

찬드라키르티는 두 번째 자비를 설명하기 위해 흔들리는 물결 위에 떠 있는 달 그림자를 묘사한다. **호수의 이미지를 떠올리며 명상한다. 가볍게 바람이 불고 있고 잔잔한 물결이 일고 있다. 구름 한 점 없는 밤이다. 보름달이 물결 위에 비친다. 그리고 그 물결 위에서 보름달이 어떻게 반짝거리고 흔들리는지 주목한다. 그리고 보름달**

을 사람으로 생각하며, 덧없고 무상하며 일시적으로 존재하는 생명이라고 명상한다. 그들은 마치 물결 위에 떠 있는 달 그림자가 흔들리는 것처럼 덧없는 존재다.

보통은 달을 달로만 바라본다. 대개는 밤에 달을 보며, 다음날 밤에도 달은 어김없이 떠오를 것이라고 기대한다. 그러나 이 명상을 하면서 보는 달은 물결 위에 떠서 흔들리는 달 그림자이다. 확고하게 하늘 위에 떠 있는 달을 보는 것이 아니라 늘 움직이고 변화하는 어떤 존재로 달을 보는 것이다. 지금 우리가 보는 달은 물결 위에서 흔들리고 있기 때문에 분명한 모양을 하고 있는 달을 보지 못한다.

두 번째 자비는 모든 생명들을 이처럼 무상한 특징을 지닌 존재로 바라보는 것이다. 모든 생명은 무상하다. 첫 번째 자비에 관한 명상에서는 단순히 생명을 지닌 존재들을 관찰한 것이 아니라 고통의 바다에서 헤매는 존재로서 생명을 관조했다. 그러나 이번 단계에서는 강한 고통을 겪어야 할 뿐만 아니라 무상하다는 특질을 지닌 존재로서 생명들을 깊이 관찰한다.

사람의 육체를 볼 때 무상하다는 사실은 이미 마음에 나타나지만, 당신은 그것을 애써 외면한다. 당신의 마음은 몸이 변해 간다는 사실을 주목하지 않으며 받아들이지도 않는다. 자리를 잡고 앉아서 명상을 하고 흔들리는 물결 위의 달을 바라보면, 우리가 생명 자체에 대해 어떤 생각을 가져야 하는지 선명하게 떠오른다. 덧없이 사라지고 흔들리는 이 광경을 떠올리는 목적은, 우리가 모든 존재에 대해 매우 분명하고 확실하게 존재한다고 덧씌운 이미지를 깨뜨리기 위한 것이다. 머지않아 당신은 무수히 많은 미세한 입자들의 운동으로 구성된 몸과 정확한 이해를 방해하는 장애물과 같은 현상들을 볼 수 있을 것이다. 당신의 의식은 불안정하고 덧없는 존재의 본래 모습에 대해 생생하게 깨달을 수 있을 것이다.

당신은 흔들리는 물결 위의 달을 통해 무상함이 과연 무엇을 의미하는지 알 수 있고, 그것을 바탕으로 이룬 깨달음을 생명을 지닌 존재들에게도 적용할 수 있다. 이렇게 해서 사람이란 늘 불안정하고 덧없는 존재라는 사실을 깨닫기 시작한다면, 자신과 다른 사람에 대해 확고부동한 존재라고 바라보고 있다는 사실을 또한 알게 될 것이다. 확실하게 존재하는 몸과 마음, 자아를 지닌 사람들과의 관계를 구축한다는 사실도 받아들이게 될 것이다. 최종적으로는 그렇게 모든 생명이 확고하게 존재한다고 바라보는 것은 많은 문제가 있다는 사실을 알게 될 것이고, 스스로 가질 수 없는 것들을 소유하기 위해 애쓰고 있다는 사실도 이해하게 될 것이다.

이제 당신이 생명이라는 존재에 대해 가지고 있는 생각이 실제로는 그렇지 않다는 것을 깨닫는다. 그러면 잘못된 생각들을 제거하기를 바라는 마음을 내고, 이런 상태를 다른 사람에게 적용할 때 자비심이 일어난다. 이때의 자비는 물론 다른 사람들이 고통에서 벗어나 자유롭게 되기를 바라는 마음이다. 그들 또한 모든 존재가 확고부동하게 존재하고 있다고 생각하고 있으며, 잘못된 생각으로 인해 고통에 빠져 있는 것이다.

분석적인 명상을 통해 모든 생명의 고통이 '모든 것은 영원하다'고 믿는 잘못된 신념에 기인한다는 것을 생생하게 느낄 때, 그들과 나는 행복을 바라고 고통을 원하지 않는다는 점에서 유사하고 그들과 매우 친밀하다는 사실을 염두에 두고 가장 친한 친구를 떠올린다. 그리고 **'이 사람이 고통과 고통의 원인에서 자유로워진다면 얼마나 좋은 일인가!'** 라고 관조한다. 자비에 대한 강렬한 느낌이 생겼을 때 안정적인 명상의 단계에서 머물며 그 소망을 견고하게 다진다. 그 후에 다음으로 친한 친구에게로 옮겨 가고, 이 과정을 반복해서 명상하거나 보다 강렬한 느낌이 필요하다면 더욱 세밀한 마음으로 이 명상을 반복한다. 그 후에 중립적인 사람들, 보다 약한 적들, 최종적으로 가장 강력한 적들을 대상으로 이 명상을 진행한다.

그 후에 같은 방식으로 주관적인 의지에 의해 형성된 두 번째 자비의 측면, 즉 **'그들은 고통과 고통의 원인에서 반드시 자유롭게 될 것이다.'** 고 믿는 마음을 활용한다. 그러나 이때는 모든 존재는 무상하다는 깨달음과 모든 존재는 영원하다고 믿고 싶어 하는 마음을 함께 활용해서 명상한다. **'그들은 고통과 고통의 원인에서 자유로워질 것이다!'** 라고 관조한다. 이 단계의 명상이 성공하면 주관적인 의지로 이뤄진 자비의 세 번째 측면에 대한 명상을 시작한다. **역시 같은 방식을 이용해 '나는 반드시 그들을 고통과 고통의 원인에서 자유롭게 할 것이다!'** 라고 관조한다. 그 효과는 매우 강력하다.

모든 존재가 영원하다는 왜곡된 신념

우리는 사물들이 소멸한다는 사실을 안다. 우리는 어떤 의미에서는 모든 존재가 무상하다는 사실을 알고 있다. 그러나 "당신은 영원합니까? 당신은 영원히 삽니까?"라고 묻는다면, "그렇다."라고 대답할 사람은 아무도 없다. 그러면서도 영원히 살 것이라고 믿으면서 살아가고 있다. 우리에게 주어진 시간이 영원할 것이라고 생각하면서 미래에 대한 이런저런 계획을 세우고, 동시에 '영원히 살 수 있을 것인가'라는 질문에는 그렇지 않다고 대답한다. 이런 현상은 존재가 지닌 모습이 어제와 같고 오늘도 내일도 계속될 것이라는 믿음 때문에 생긴다. 어제 여기 있던 책상은 오늘도 여기 같은 모습으로 있다. 색깔과 크기가 변하지 않는다. 밤 사이 썩지도 않는다. 또 밤 사이 책상에 일어난 미세한 변화를 알아차릴 수 있는 능력도 없다.

이렇게 모든 존재들이 같은 상태를 유지한다는 연속성은 우리를 기만한다. 우리는 연속성을 믿음으로써 변하지 않는 사물이 존재하고, 한 번 만났던 사람이 여전히 같은 모습으로 존재한다고 생각한다. 우리는 '내가 다른 날 보았던 그렇고 그런 사람이 거기에 있다.'고 생각한다. 그 후에 '내가 1년 전에 만났던 그 사람이 어제 나타났다.'고 생각한다. 그러한 연속성 때문에 사람들과 사물들이 변함없이 똑같은 상태를 유지하고 있는 것처럼 보인다. 이 연속성은 오늘 내가 지금 사용하고 있는 책상이 어제 사용했던 책상과 같은 것이라는 잘못된 인식을 하게 만든다. 지금 내가 사용하고 있는 이 책상은 단 한 순간도 멈춤 없이 분해된다는 사실을 눈으로 확인할 수 있음에도, 같은 모습으로 유지된다는 선입견을 가지고 있다. 그러한 선입견은 변화의 차원을 주목하는 데 방해가 될 만큼 강력한 것이다.

우리는 자주 '같음'이라는 의미에 대해 잘못된 인식을 바른 인식으로 착각한다. 오래 전에 다니던 고등학교를 다시 찾는다면 학교 건물들이 약간은 다르다는 사실을 발견할 것이다. 아마도 건물들이 조금은 낡았다는 것을 느낄 수 있다. 그렇지만 여전히 나이가 지긋한 선생님들도 몇 분은 계시고, 근무하는 사람들도 있다. 학생들은 예전에 당신이 다니던 시절과 옷차림이나 모습에서 조금 다르게 보이겠지만 조금은 같은 면도 있다. 이런 점들을 고려하면 학교가 연속성을 지니고 존재한다는 사실을 굳게 받아들이게 된다. 그러나 학교라는 연속체 안에 어떤 것이 예전의 모습 그대로 존재하는가? 계속 같은 모습으로 존재한다고 믿는 연속체는 실제로 아무 것도 확고하게 예전의 모습을 유지하지 못한다는 것을 나타낸다. 그리고 앞으로도 계속해서 유지될 수 없을 것이라는 사실을 의미한다. 단지 비슷한 모습으로 계속해서 변화하면서 존재할 뿐이다. 내가 다니던 초등학교를 방문한 적이 있었다. 학교 건물들은 완전히 부서져서, 교실이 있던 곳에는 잡초들만이 무성했다. 우리는 대부분 진실을 외면하고 그것을 대신할 어떤 것을 찾는다. 많은 사람들이 "나는 곧 세상을 떠나겠지만 나는 아이들 안에 계속 살아 있을 것이다."라고 말하지만 사람이 어떻게 그렇게 할 수 있는가?

당신은 새들을 가까이에서 본 적이 있는가? 대부분의 사람들은 새들에게는 근심이 없을 것이라고 생각한다. 그러나 새들을 아주 가까이에서 관찰해 보면 매우 예민하다는 사실을 알 수 있다. 그렇게 하늘을 본다면 하늘 또한 끊임없이 변화한다는 사실을 볼 수 있다. 강이나 시냇물도 끊임없이 변화한다. 촛불을 집중해서 바라본다면 촛불 또한 계속해서 변하고 있다는 사실을 발견할 것이다. 얼핏 보면 전혀 변화 없이 확고히 제 모습을 유지하는 것처럼 보일 것이다.

나의 수행을 지도한 티베트 스님 가운데 한 분은 모든 존재는 늘 변화하고 끊임없이 소멸을 향해 가고 있다는 사실을 반복해서 마음에 담도록 했다. 물리학을 공부하면 이러한 사실을 확인할 수 있다. 모든 미세한 입자들은 끊임없이 활동하고 변화한다. 그러나 우리는 미세한 입자들이 그렇게 움직이는 것을 보지 못한다. 일상에서는 그렇게 미세한 입자들의 세계에서 어떤 일들이 일어나는지 지각할 수 없다. 보통 우리는 희로애락의 감정을 기초로 생활을 영위한다. 그러나 불교에서는 한 가지의 인식을 세우기 위한 수행을 하기 위해서는, 마치 물리학자들이 미세한 입자들의 세계를 관찰하듯이 세밀하게 마음을 살펴야 한다고 가르친다.

모든 것은 눈 깜빡거리는 사이에 변한다. 불교에서는 눈을 한 번 깜빡거리거나 손가락을 한 번 딱 하고 튕길 때 360번의 변화가 일어나고 모든 것은 소멸을 향해 나아가고 있다고 한다. 부처님께서는 이처럼 미세한 세계를 대상으로 완벽한 깨달음을 이루셨지만, 우리는 이 미세한 세계의 변화를 단 한 번 어렴풋이 보는 정도에 그친다. 모든 현상과 존재는 무상하며, 우리가 전혀 알아차릴 수 없을 정도로 변화하며 붕괴되고 있다.

무상함

우리는 사물들이 외부에서 작용하는 어떤 힘 때문에 변한다고 생각하는 경향이 있다. 예를 들면 원소들 가운데 철을 그냥 공기 중에 둔다면 결국 붕괴되고 분해될 것이라는 사실을 안다. 그러나 진공 상태에 넣어 둔다면 어떤 변화도 없이 철 자체로 유지될 것이라고 생각한다. 철에 영향을 주는 공기, 즉 외부적인 조건을 제거하면 변화가 일어나지 않을 것이라고 믿는다. 그러나 그렇지 않다. 철의 미세한 입자들은 진공 상태에서도 활발하게 움직이고 늘 변한다. 우리는 보통 늙고 병이 드는 것은 외부에서 발생한 현상들이 영향을 주기 때문이라며, 변화를 일으키는 외부적인 요소들을 신랄하게 비난한다. 그러나 외부에서 어떤 간섭을 하지 않더라도 육체는 끊임없이 매 순간 순간 변화하고 죽음을 향해 가고 있다.

우리는 일반적으로 사물에 대해 외부에서 작용하는 존재라고 집착하며, 그들이 간섭하는 작용을 하지 않는다면, 늘 같은 상태를 유지할 것이라고 믿는다. 그러나 실제로 사물은 본래 소멸할 수밖에 없는 성질이 있기 때문에, 처음 생겨난 이후부터 그들을 붕괴시키는 외부의 요인들은 아무 것도 없다. 사물은 오로지 붕괴되기 위해 생성되었을 뿐이다. 존재들을 생겨나게 한 원인은 동시에 붕괴하게 만드는 원인이기도 하다. 대부분의 불교 학파에서는 이 사실을 받아들인다. 모든 존재는 원인 없이 소멸된다고도 표현한다. 매우 깊은 의미를 담고 있으며, 일반적인 인식을 강렬하게 자극하는 개념이다. 물론 전체적인 변화를 주도하는 외부적인 요인들이 있고, 그러한 요인들은 붕괴의 과정을 촉진한다. 예를 들어 철이 물에 닿으면 녹이 슬고 분해 과정은 보다 빠르게 진행된다. 빌딩을 폭파시키는 경우도 마찬가지이다. 그러나 모든 것은 본래 지닌 성품 때문에 매 순간 순간 소멸해 가고 있다는 사실을 기억해야 한다. 모든 것은 시간이 지남에 따라 자연스럽게 소멸한다.

모든 존재가 늘 변화하고 마침내 소멸한다는 사실을 이해하고 느끼며 깨닫고 몸으로 경험하기는 쉽지 않다. 어떤 면에서는 이러한 사실을 보기 위해서는 영원함과 무상함에 대한 선입견을 포기해야 하기 때문에 매우 어렵다. 동시에 두려운 일일 수도 있기 때문에 무상함을 이해하기 위해서는 인욕심을 길러야 한다. 인욕심이란 그러한 능력을 갖는 것이며 무상함에 관한 인식을 정립하기 위한 바탕이다.

찬드라키르티가 제시한 달의 예로 돌아가서 명상한다. 맑은 하늘에 보름달이 떠 있다. 가볍게 부는 바람은 호수에 잔잔한 물결을 일으키고 있다. 호수에 비친 달은 매우 선명하지만 물결을 따라 조금씩 흔들리고 깜빡거린다. 잔잔하게 흔들리는 물결 위에 떠 있는 달을 무상함을 깨닫기 위한 이미지로 활용한다. 달은 미세한 입자들로 이뤄져 있고, 반짝거리며, 무상함이 본성이다. 찬드라키르티는 이 영상을 단순한 비유로만 사용하지는 않는다. '나' 이외의 모든 존재들이 지닌 무상함이라는 본성을 경험할 수 있는 방편으로 활용했다. 특히 스스로의 몸에 대한 바른 인식을 확립할 수 있도록 물결 위에 떠 있는 달의 예를 들었다.

물결 위에 떠 있으면서 흔들리고 반짝거리는 달의 영상을 상상한다. 스스로의 몸에 대해 미세한 입자로 이뤄져 있다는 사실을 알 수 있으며, 몸을 이루는 입자들이 사라졌다 나타났다 하면서 반짝거리는 모습을 본다. 마침내 몸이라는 것도 자연스럽게 사라진다는 사실을 주목할 수 있게 된다. 그렇게 되면 몸의 본성이 어떤 것인지에

대한 인식은 한층 발전한다. 일반적으로는 몸에 대해 확실하게 존재하며 항구적으로 유지될 것으로 생각하기 때문에 영원히 변하지 않을 몸을 위해 많은 계획을 세우고 무엇인가를 하려고 한다. '내' 몸이 끊임없이 변화하는 존재라는 사실을 볼 수 있다면 그때부터 수많은 계획과 바람, 영원할 것으로 믿고 있는 몸, 자아에 대해 많은 것을 포기해야 할 것이다. 이제 새로운 계획을 세워야 할 때이다.

끊임없는 소멸의 과정을 거치며 흔들리는 몸을 둘러싼 계획을 세운다면, 당신은 본래 일어나게끔 되어 있는 변화에 대비할 것이다. 끊임없이 하루도 거르지 않고 움직이며 변화하는 무상한 몸에 대해 상상해 보라. 영원할 것이라고 집착한다면 반드시 일어날 수밖에 없는 변화에 크게 당황하겠지만 무상함을 이해하고 받아들인다면 그러한 변화에 슬기롭게 대처할 수 있기 때문에, 무상한 몸을 늘 염두에 두고 수행을 하는 편이 훨씬 현실적이고 그 효과는 매우 강렬할 것이다.

무상함을 깨닫는다면, 몸이란 언제나 부서질 수밖에 없기 때문에 매우 허약한 존재라는 사실에서 오는 괴로움과 어떤 순간에도 죽을 가능성이 있다는 데서 오는 두려움은 깨끗하게 사라질 것이다. 그러한 사실을 자주 망각하지만, 다른 존재들도 그처럼 위태롭고 불확실한 상황에 처해 있다는 것을 지각함으로써, 그들을 향한 자비심은 증가할 것이다. 스스로에게 주어진 시간은 마치 귀한 보물처럼 여겨질 것이고, 다른 사람들 역시 자신에게 주어진 삶의 순간을 매우 소중하게 받아들일 수 있을 것이라는 희망이 생겨날 것이다.

새로운 인식 즐기기

　이 단계에서 한 가지 의문이 생긴다. 생명에 대한 새로운 인식은 과연 올바른 것인가, 잘못된 것인가? 이 새로운 인식을 정립하기 위해 수행해 왔지만 제대로 실천해 왔는가, 아니면 그른 방향으로 왔는가? 자기 스스로와 다른 사람들에게 도움을 주는 것인가, 해를 끼치는 것인가? 어리석은 짓은 아닌가? 이러한 의문에 대한 답을 찾으려면 새롭게 정립된 인식을 즐길 수 있는 마음이 필요하다. 내가 철학박사 학위 논문을 발표했을 때, 질문자들 가운데 한 명이 내가 했던 말에 자극을 받아 매우 격렬하게 반응했다. 우리는 그때 사물들이 실재하는 것인가 아닌가에 대해 논쟁하고 있었는데, 내 대답은 다음과 같았다. "당신은 몸과 마음이 있으며, 자아가 있습니다. 당신의 자아는 독립적으로 존재하며 늘 변하지 않아 영원할 것처럼 보입니다. 마음과 몸도 마찬가지입니다. 그리고 대부분 우리는 어떤 존재에 대해 독립적으로 영원히 있다고 믿습니다. 이것을 바로 실체라고 합니다. 그런데 모든 존재가 어떠한 변화도 없이 제각각 영원히 존재한다면, 서로 관계를 맺을 여지가 없는데 어떻게 당신의 자아와 당신의 마음과 몸이 관계를 맺을 수 있겠습니까?"

　내 대답이 끝났을 때 그는 폭발했다. "당신은 지금 무엇을 하고 있습니까? 당신은 내 마음을 가지고 놀고 있는 것은 아닙니까?"라고 격렬하게 항의했다. 그런데 불교를 믿는 사람들이 마음을 가지고 놀면서 속였다고 한다면 바로 그것을 해야 하는 것이다.

　내가 다시 물었다. "탁구를 쳐 본 경험이 있습니까? 극장에 가 본적이 있습니까? 어떤 취미가 있습니까? 자, 마음을 가지고 노는 것을 잠시 동안만 즐겨 보시면 어떻겠습니까? 단지 즐기기만 하면 됩니다. 불교적인 시각에서 마음을 들여다보면서 즐겨 보십시오."

그는 "그렇게 한다면 마음만 혼란스러워질 것입니다."라고 했다.

나는 다시 말했다. "좋습니다. 지금 영화를 보고 있다고 상상해 봅시다. 영화를 보면서 당신은 배우들이 하는 연기를 마치 현실에서 일어나는 것처럼 속아 주면서 보지 않습니까? 그것이 해로운 일입니까?" 그런데 그는 내 말을 더 이상 들으려고 하지 않았고, 마음을 굳게 닫아 버렸다. 그러나 내게는 그가 크게 동요되어 보였다. 마음을 가지고 놀아 본다는 표현에는 그를 자극한 무엇이 있었던 것이다.

다른 사람의 관점에서 사물들을 보면 도움이 된다. 예를 들면 매우 따뜻한 계절에는 산들바람만 불어도 춥다고 느끼는 사람들이 있다. 그들은 "정말 차가운 바람이 내 목을 스쳤다."고 표현한다. 두 사람이 한 호텔 방에서 잠을 자게 됐을 때, 어떤 사람은 담요 두 장을 요구하고, 다른 사람은 아무 것도 덮으려고 하지 않는다. "무슨 문제가 있는가? 무엇인가 마음에 문제가 있는 것이 분명해!"

"지금 무슨 말을 하는 거야?"

"이 방이 춥다고 느낄 사람은 아무도 없어. 그런데도 너는 담요를 두 장이나 덮으려고 하잖아. 지금은 여름이라고."

몸을 구성하고 있는 요소들이 균형을 이루고 있는지 아닌지에 따라 같은 조건에서도 덥다고 느끼기도 하고 춥다고 느끼기도 한다.

이런 경우 다른 사람의 입장에서 상황을 바라본다면 큰 도움이 될 것이다. 비록 당신은 따뜻하게 느끼며 몸의 감각을 바꾸지는 못할지라도, 다른 사람이 매우 춥다며 고통스러워하는 상황은 바꿔 줄 수 있다. 무상과 자비를 수행하면서도 누군가가 잘못된 관념을 가지고 있다면, 그가 그렇지 않다고 확신하는 것이 무엇인지 이해할 수 있다. 그리고 무상함을 깨닫고 그 상태를 즐길 수 있게 된다.

불교를 믿는 사람들은 "좋아, 수행을 해 보자. 그리고 모든 생명이 무상하고 불안정하며 늘 변화한다는 것을 이해해 보자."고 말하면서, 관계를 유지하려고 한다는 사실이 가장 큰 문제이다. 그러나 늘 변화하는 존재들과 어떻게 관계를 맺을 수 있으며, 어떻게 그 관계를 유지하겠는가? 내가 관계를 맺은 사람은 방금 전의 그 사람이 아니다. 그는 매 순간 순간 변하고 있기 때문이다. 엄밀하게 말하면 내가 관계를 맺은 그 사람은 바로 다음 순간 사라진다. 그들은 너무 많이 변한다. 물론 그들이 변함없이 확고하게 존재한다고 보이는 사실 자체는 그들과 관계를 맺는 데 도움을 주기 때문에 그 나름대로 가치가 있다. 비록 실제로는 그들이 늘 변하고 찰나 찰나 나타났다 사라지는 것을 반복한다고 해도 그 가치는 소중하다.

나는 이러한 점 때문에 모든 생명과 현상들에 대해 영원할 것이라고 믿고 싶어 한다고 생각한다. 모든 생명과 현상들이 그렇게 늘 같은 모습으로 존재한다면 그들과 관계를 맺기는 쉬울 것이다. 그러나 그렇게 보일 뿐이다. 실제로는 그들에 대해 무상하다고 바라볼 때 관계 맺기가 훨씬 쉽다. 그들이 늘 변하고 사라져 가는 것은 무상하다는 본성이 나타난 것이며, 이러한 사실을 깨닫는다면 그들의 변화에 당황하지 않게 될 것이다. 그들에 대해 늘 확고하게 같은 모습으로 존재한다고 받아들이면, 그들을 일정한 틀에 가두어 놓은 것이다. 무상함을 깨닫는다면 언제나 그들이 변화할 수 있다는 가능성을 받아들일 수 있다. 당신이 그렇게 된다면 다른 사람들도 늘 즐거운 마음으로 당신을 대할 것이다. 당신은 그들의 어떤 모습도 이해할 수 있고 그들의 변화에 대해 늘 긍정적으로 받아들일 수 있기 때문이다. '그는 반드시 이래야 한다' 는 고정된 틀로 그들을 대하지 않을 수 있기 때문이다.

우리가 스스로에 대해 어떻게 믿고 있는지, 그리고 우리는 어떤 본성을 지니고 있는지에 대한 차이를 밝혀 주는 무상함에 대해 깊이 생각한다. 우리는 그 자체로 존재하지도 않는 '자아에 대한 집착' 과 '나의 것에 대한 집착' 을 만족시키기 위해 늘 고통을 불러일으키고 있다는 사실을 발견할 것이다. 이렇게 함으로써 보다 정확하게 무상함을 깊이 살펴보고, 마음속 깊이 솟아나오는 자비심을 들여다볼 수 있게 된다.

| 제 16장 |

공한 존재를 살피는 자비심

명상 : 고요한 호수에 비친 달 명상하기

자비의˙세 번째 종류는 공한 존재를 살펴보는 자비이다. 모든 생명들은 공이라는 본래 모습에 따라 존재하며, 그들 자체로 공이며, 자유롭게 존재한다.

찬드라키르티는 이렇게 말했다.

마치 고요한 물 위에 떠 있는 달과 같이
본래 공한 존재이며,
윤회의 세계를 떠도는 존재들을 위한
자비에 귀의합니다.

명상을 하면서 바람 한 점 없이 맑은 밤에 잔잔한 호수를 상상한다. 보름달이 물 위에 떠 있지만 너무나 고요하고 잔잔해서 호수가 있다는 사실도 알아차리지 못한다. **실제로는 물 위에 떠 있는 달 그 림자를 보고 있지만 하늘에 떠 있는 보름달을 보고 있다고 믿는다.**

당신은 어두운 밤 바람 한 점 없는 호숫가에 서 있어 본 경험이 있 는가? 부드러운 물에 떠 있는 달을 보면서 그것이 달이라고 생각해 본 적이 있는가? 실제로 나는 호수가 있다는 사실을 알지 못한 채 지평선을 보고 있다고 착각했던 적이 있다. 길을 가다가 상점 유리 에 비친 당신을 보면서 누군가 다른 사람이 있다고 착각한 경험은 없는가? 거울에 비친 식당 벽면을 진짜 벽면이라고 생각한 적은 없 는가? 나는 오스트레일리아에 있는 공항 면세점에서 나를 바라보고 있는 사람을 발견하고, '저 초라한 사람은 누군데 저렇게 나를 바라 보고 있는가?'라고 생각한 적이 있었다. 그 사람은 바로 거울에 비 친 나였다.

자, 당신은 물을 전혀 보지 못하고 하늘에 떠 있는 달을 보고 있 다. 그렇게 보이게 마련이다. 정반대에 서서 같은 그림을 보는 것과 같다. 호수에 비친 산을 보다가 그림을 돌려서 호수를 보고 진짜 산 들을 본다. 어느 쪽이 실제의 산이고 물에 비친 산인지 결정할 수 없 다. 찬드라키르티의 설명대로 정확하게 달을 본다면 "그 달은 단지 호수에 떠 있는 달일 뿐이다." 자 이제 달의 모든 특성이 드러난다. 마찬가지로 거울에 비친 모습을 알아차린다면, '이것은 거울에 비 친 내 모습일 뿐이다.'라고 느낀다. 그리고 자세히 들여다보면 내 얼굴 모습을 완벽하게 갖춘 어떤 그림자가 눈앞에 있다. 그러나 물 에 비친 달 그림자는 달이 아니다. 거울에 비친 얼굴 모습도 얼굴이 아니다.

찬드라키르티는 이러한 예들을 제시함으로써 쉽게 경험할 수 있게 해 준다. 그리 쉽게만 보이지 않는 수행의 단계들에 대해 훌륭한 예를 들어 설명하고는 다음 단계로 우리를 이끈다. 그는 어떤 대상에 대해 설명하면서 실제로는 그 대상이 아닌 반사된 모습으로 나타나는 것이라는 사실을 이해하게끔 물에 비친 달을 바라보라고 요구하며, 깊이 들여다보고 분석하며 명상을 하도록 제안한 것이다. 그래서 우리는 겉으로 드러난 모습과 실재 사이에 있게 마련인 갈등과 차이에 다가갈 수 있다. 먼저 물에 비친 달과 거울에 비친 내 모습이 실제로는 거짓 존재라는 사실을 알지 못한 상태에서 겉으로 드러난 모습을 살펴볼 필요가 있다. 오랫동안 정확하게 거울에 나타난 모습을 들여다본다.

물에 비친 달은 달이 아니지만 달처럼 보인다. 모든 생명은 저마다의 특성을 지니고 본래부터 존재한 것처럼 생각된다. 이제 당신은 물에 비친 달을 바라보면서, 달의 모습을 그대로 지니고 있음에도 불구하고 달이 아니라는 사실을 완전히 이해한다. 똑같은 생각을 모든 생명을 향해 확대해서 적용할 수 있다. 모든 생명은 본래부터 존재한 것처럼 보이지만 사실은 그렇지 않음을 이해할 수 있다.

마술사가 만든 환영은 거짓으로 존재하는 또 하나의 예이다. 인도에는 밧줄과 소년을 이용해 마술을 하는 마술사들이 있다. 한 마술사가 미국에 와 실험실에서 마술을 하는 장면을 영화로 찍었다. 밧줄은 진짜였는데 공중을 향해 뻗어 있었다. 소년이 밧줄을 타고 올라갔는데, 밧줄은 어디에도 매달려 있지 않았다. 실험실에 있던 모든 사람이 밧줄을 타고 올라가는 소년을 봤는데, 카메라에는 소년이 단지 밧줄을 들고 마술사의 옆에 서 있는 모습만이 찍혀 있었다. 그 마술사가 사람들의 눈과 보는 의식에 어떤 영향을 주었기 때문에, 실제로는 옆에 서 있기만 했는데도 사람들은 소년이 밧줄을 타고 올라갔다는 환상을 보았던 것이다.

불교에서는 마술사가 그 순간 모두의 눈에 마법을 걸기 위한 진언의 힘을 사용했다고 설명한다. 마술사 자신도 소년이 밧줄을 타고 오르는 것을 보았지만 그는 그 현상을 믿지 않았다. 그는 소년이 옆에 서 있었다는 사실과 실제로는 빳빳한 밧줄이 바닥에 고정된 채 공중을 향해 뻗어 있었다는 사실을 알고 있었다. 그는 다른 사람들과 마찬가지로 스스로도 환상을 보았지만, 다른 사람들이 실제로 그런 일이 일어났다고 믿었을 때 그는 전혀 믿지 않았을 뿐이다.

또 어떤 마술사들은 큰 잔치를 열기도 한다. 잔치에 참가한 당신은 '정말 먹음직스러운 케이크가 있군. 어떻게 저 케이크를 먹지? 다른 사람보다 빨리 달려야 케이크를 먹을 수 있을 텐데.' 라고 생각할 것이다. 어떤 마술사는 매력적인 사람을 만들어 내기도 한다. '저 사람들은 내가 항상 원했던 이상형이다. 어떻게 저들과 데이트를 할 수 있을까?' 라고 생각한다. 이제 당신의 머리 속에서는 욕망과 증오가 동시에 생겨날 것이다. '다른 사람도 저 매력적인 여성을 원하고 있군.' 마술사들도 그들이 만들어 낸 아름다운 소녀의 모습을 본다. 그러나 그는 스스로 만들어 낸 환영이라는 사실을 알고 있다. 환영의 본성을 알기 때문에 마술사는 어떠한 마음도 일으키지 않는다. 관객들은 그 매력적인 소녀를 원한다. 마술사가 관객들의 눈에 주문을 걸면, 그들은 실제로는 거기에 없는 사람들을 보고 있다고 착각한다. 관객들은 환영을 보고 있다고는 생각하지 않는다. 마술사들은 그러나 거짓으로 만들어 낸 매력적인 소녀에 관한 어떠한 마음도 없다. 때문에 관객들은 보통 겉모습에 굴복하는 보통 사람들에 비유되고, 마술사는 거짓으로 나타난 환영을 극복한 사람, 즉 깨달음을 이룬 사람과 비교된다. 깨달음을 이룬 사람은 겉으로 드러난 모습에서 공하다는 사실을 본다. 그렇지만 여전히 밖으로 나타난 모습에 현혹되기 쉽다. 그리고 마술사의 주문에 영향을 받지 않고 마술사가 만들어 낸 환상의 본래 모습을 볼 수 있는 사람은 부처님에 비유된다. 이러한 상황을 예로 들어 명상을 하면 모든 생명과 몸, 실제로는 존재하지 않지만 구체적인 모습을 지니고 나타난 상태, 그들의 본래 모습이 공하다는 사실을 깨닫는 데 도움이 된다.

이것이 바로 '모든 생명의 실상은 다 공하다는' 의미이다.

모든 존재는 실제로 그렇게 구체적인가

환상으로 나타난 현상들과 마찬가지로 저마다의 특성과 본성을 지니고 존재하는 모든 생명들은 어떤 공간을 차지하고 있는 것처럼 보인다. 부인할 수 없는 사실이다. 모든 사람은 특정한 공간을 차지하고 있다. 그러나 나의 관점에서 보는 공간과 다른 사람이 보는 공간은 다르다. 상대방은 주로 '나'의 몸을 보겠지만, 나는 주로 '나'의 호흡과 마음, 느낌 등에 집중한다. 누군가 내게 "그 일을 할 사람은 누구입니까?"라고 물을 때, 나는 내 가슴을 짚으며 "바로 제가 할 것입니다."라고 답할 것이다. 그럴 경우 나는 내 가슴을 가리키지만 그는 내 몸 전체를 보게 될 것이다.

거울에 비친 얼굴은 얼굴이 아니다. 마찬가지로 본래부터 존재하는 사람, 마음과 몸을 지니고 바로 여기에 존재하는 사람, 자기 자신의 특성에 의해 존재하는 사람은 없다. 그렇지만 지금 내 눈앞에 있는 사람은 분명히 있다. '공(空)'이라는 것은 지금 내 눈앞에 있는 사람이 없다는 것을 의미하지 않는다. 누군가 '공'을 본래 모습으로 가지고 있다고 해서 '그는 없는 사람'이라는 뜻이 아니므로 가엾게 여길 필요는 없다. 공의 의미는 그런 것이 아니다. 절대 그렇지 않다! 그렇게 생각한다면 매우 어리석은 일이다. '공'은 우리가 '저 사람은 내가 생각하는 대로 이러이러하게 구체적으로 존재하지 않는다'는 뜻이다. 나 자신, 당신 자신, 우리 모두는 그렇게 확고하게 존재하지 않는다. 예를 들면 책상은 '책상'이라고 이름 붙일 수 있는 방식으로 존재한다. 우리가 보는 책상은 책상 다리와 서랍 등등이 모여 이뤄진 것이다. 그러나 책상은 거기에 그렇게 우리가 보는 방식으로 존재하는 것이 아니다. 그렇다고 해서 거기에 책상이 없다는 뜻은 아니다. 이것이 무슨 뜻이겠는가? 환상이라는 것은 고유한 존재가 나타난 모습이다.

'공'은 모든 것이 존재하지 않는다는 이론이 아니다. 실제로는 영원히 존재할 수 없는데 그렇다고 믿는 대상, 늘 변하고 있는데도 변함없이 유지될 것이라고 과장되게 존재하는 것에 대한 이론이다. 결국 공은 모든 존재와 현상들이 실제로는 영원하지 않으며, 늘 변화하며, 저 홀로 독립적으로 있을 수 없다는 가르침이다. 공은 모든 존재를 거부한다는 뜻이 아니다. 무상에 대한 깨달음을 얻으면, 모든 현상과 존재들이 영원히 존재하지 않는다는 사실과 독립된 존재로 홀로 설 수 있는 생명은 없다는 사실, 우리가 모든 생명에 대해 지니는 인식이 잘못됐다는 사실, 즉 모든 것의 본래 성품은 공이라는 점을 깨닫는 데 도움이 된다. 그러나 공을 깨닫는 데는 보다 미세한 수행이 있어야 한다.

달라이 라마는 당신이 소중하게 생각하는 특정한 사람이나 현상들에 대해 '공' 하다는 사실을 명상한다고 해서 그 대상이 지니는 가치가 평가절하되거나 잘못 받아들여지지 않는다고 한다. 오히려 공에 대한 경험은 또 다른 방식으로 그 대상이 지닌 가치를 더욱 높여줄 것이라고 한다.

어느 날 다람살라의 달라이 라마 집무실에서 있었던 일이다. 늦은 오후 책상에 앉아 있는 그를 보고 있었는데, 그의 뒤쪽으로 창문이 보였다. 태양은 캉그라 계곡에 낮게 걸려 있었다. 그때 나는 달라이 라마에게서 죽음의 단계들에 대한 이야기를 듣고 있었는데, 죽음 후에 마음이 어떤 단계를 거쳐 가는지 쉽게 이해하기 어려운 내용에 대해 설명하고 있었다. 달라이 라마는 믿을 수 없을 만큼 강한 힘을 내뿜는 연설을 하는 사람이었으며, 내가 알아듣기 어려운 티베트어를 사용하면서도 여러 가지 주제를 하나로 엮어 내며 매우 빠르고 명확하게 내용을 전달했다. 그가 설명한 내용은 선명한 오렌지 빛 하늘을 가로질러 석양으로 향하는 태양이 지닌 찬란한 빛은 죽음과 잠, 기절 등등을 할 때 경험되는 네 가지 미세한 마음 가운데 두 번째 단계와 같다고 했다. 그때 나는 일생 경험하지 못했던 최상의 편안함을 느낄 수 있었다. 그의 가르침이 끝나고 사무실 밖으로 나와 무심히 다람살라 뒤편의 눈 덮인 산꼭대기를 올려다 보았다. 그리고 다른 편에 자리한 산 아래 숙소를 향해 걸음을 옮겼는데, 두 산 사이에 완전히 둥근 무지개가 걸렸다. 경이로운 광경이었다!

며칠 뒤 달라이 라마에게 받은 수업이 끝나 미국으로 돌아갈 준비를 하고 있었다. 느닷없이 달라이 라마가 내 숙소로 와서 "지금까지 한 모든 것은 꿈과 같다."고 말했다. "네?" "모든 것은 꿈과 같다." 갑자기 모든 것이 한꺼번에 마음으로 들어왔고, 내 마음은 풍요로워졌다. 달라이 라마는 내게 '공'에 대한 가르침을 완벽하게 전해 주었고, 매우 강렬하게 느낄 수 있도록 해 주었다. '공'은 나타난 현상들을 없다고 부정하는 것을 의미하지 않는다. 공은 모든 존재와 현상들이 지니는 가치를 더욱 높여 주는 것이다.

이제 찬찬히 호수에 비친 달 그림자를 살펴본다. 매우 심오하고 본질적인 것이다. 달 그림자가 지닌 모든 모습을 한 부분도 빼놓지 않고 들여다본다. 달 그림자가 달의 모든 모습을 지니고 있다고 해도 달이 아니라는 사실을 깨닫는다. 달 그림자가 지닌 전체 모습은 달이 아니라는 사실을 깨닫고 '달인 그것'은 거기에 없다는 사실을 받아들인다. 그러면 전혀 달이 아니지만 달로 나타난 현상에 대한 생생한 경험을 할 수 있다. 모든 생명과 현상들을 보면서 마술사가 그렇게 했던 것처럼 대상의 본래 모습을 이해한다. 마술사가 만들어 낸 환영처럼 눈앞에 생생하게 모습을 드러내고 있으며 그 스스로 존재하는 것처럼 보이지만 본래 존재하는 것은 아니다. 모든 현상은 원인과 조건에 의해 생겨난다는 사실을 이해한다. 모든 현상들은 스스로 그들이 행한 것처럼 보이지만 실제로는 그들 내부에 있을 수 없는 요소들에 의해 발생한다. 결과적으로 우리가 어떤 존재나 현상에 대해 영원할 것이라든지 늘 변함없이 본성을 유지할 것이라고 믿는 왜곡된 모습들은 스스로 사라질 것이다.

현상들이 공하다는 인식이 자비심을 일으키는 데 어떻게 도움이 되는가? 모든 것들이 자체로 존재한다고 인식하고 또 다른 방식으로 존재한다는 사실을 인식한다면, 그들은 실제로는 존재하지도 않는 자아를 만족시키기기 위해 고통에 빠져든다는 사실을 이해하게 될 것이다. 물론 '자아' 로 나타난 현상이 존재하지 않는 것이 아니라, 우리가 영원히 독립적으로 존재한다고 믿는 '자아' 는 없다는 의미이다. 이럴 경우 모든 생명은 실체로서 존재하지도 않는 자아를 위한 욕망과 그것을 지키기 위한 증오심을 내포하고 있으며, 그 때문에 많은 고통과 번뇌에 시달린다는 사실을 알게 된다면 당신은 그들을 가엾게 여기는 마음이 생길 것이다. 그들과 친하고 그들에 대해 가엾게 여긴다면, '내가 행복을 원하고 고통을 바라지 않는 것처럼 그들도 저마다 행복을 바라고 고통을 원하지 않는다. 그러면서도 그들은 실제로는 고통을 향해 달려가고 있으니 이 얼마나 끔찍한 일인가!' 라고 느끼게 될 것이다. 그러한 깨달음을 통해서 그들은 행복을 원하고 고통을 바라지 않지만 고통을 가져오는 원인을 만들면서 행복에서 점점 멀어지고 있다는 사실을 발견하게 될 것이다.

고요한 물 위에 떠 있는 달 그림자의 예를 통해, 현상들이 실제로는 그렇게 존재하지 않지만 선명한 모습을 지니고 나타난다는 차이를 대략 이해하게 된다. 모든 존재와 현상이 그들 나름대로의 방식대로 존재하며, 구체적인 모습을 지니고 나타나는지에 대해 깊이 들여다본다면 달의 비유는 강한 효과를 발휘할 것이다. 당신은 현상과 실재 사이에 존재하는 모순을 어렴풋이나마 감지할 수 있을 것이다. 이러한 깨달음을 토대로 영원하고 독립적으로 스스로의 성질에 의해 존재한다고 믿는 생명들을 가엾게 여기는 마음은 점점 강해질 것이다. 어떻게 우리 스스로 고통을 향해 달려가고 고통에 빠져 헤매는지를 보기 때문이다.

| 제 17 장 |

자비와 지혜의 결합

　세계는 고통으로 가득하다. 굶주린 사람들을 담은 사진을 흔히 볼 수 있다. 대부분의 사람들은 무엇인가를 해결할 수 있는 능력이 없다고 느낄 때 그 문제를 외면한다. 사람들은 다른 이들이 고통스러워하는 상황을 만나면 마음이 아프고 그들에 대한 동정심은 일지만 스스로 아무 것도 할 수 없을 것이라는 사실을 알기 때문이다. 달라이 라마는 자비에 관해 강연을 할 때 항상 "모든 생명(중생)"이라는 말로 시작한다. 그리고는 곧 잠시 멈춘다. 주의깊게 살펴보면 그때 달라이 라마는 모든 생명에 대해 깊은 자비심을 내고 있으며, 그로 인해 강연을 잠깐 멈출 수밖에 없었으리라는 사실을 알 수 있다. 그의 목소리는 약간 떨린다. 때로는 눈물을 흘리는 경우도 있다. 마치 청중들을 향해 "아무 것도 두려워할 것이 없습니다. 모든 생명을 향해 갖는 자비심을 억제하지 말고 있는 그대로 표현하십시오."라고 말하는 듯하다.

　항상 울고 있다는 뜻의 이름을 가진 보살이 있다. 그 보살은 모든 생명들의 고통스러운 상황에 늘 가슴 아파했기 때문에 항상 울고 있었다. 이 보살의 이야기에서 우리는 너무도 고통스러워하는 다른 생명들에 대해 어떻게 바라보아야 하는지 알 수 있다. 사실 그들을 바라보고 있노라면 너무도 가슴이 아프고, 큰 충격을 받게 된다. 그러나 지금 여기서 말하고자 하는 것은 바로 그들을 어떻게 하면 보다 나은 상황으로 이끌어 줄 수 있는 마음을 기를 수 있겠는가에 관련된 것이다. 계속해서 그들을 걱정만 한다면 어떻게 도울 수 있겠는가? 분명하게 상황을 판단해서 그들을 도울 수 있는 방법을 찾아내려고 걱정하는 것과 걱정에 사로잡혀 걱정하는 마음은 다르다. 일반적으로 그들의 고통을 함께 아파하기만 하는 마음은 자비심과 다르다. 때로는 걱정만 하고 참된 자비심을 일으키려고 하지 않는다. 잘못 받아들였기 때문이다. 그러나 왜 다른 사람들이 고통을 받고 있는지에 대해 깨달으면, 적어도 그들의 고통을 어느 정도는 덜어줄 수 있다는 사실을 안다. 또한 모든 생명이 반드시 고통을 받아야 한다는 것이 잘못됐다는 것도 알게 된다. 모든 생명은 받을 필요가 없는 고통을 스스로의 욕망과 증오, 어리석음으로 인해 끌어들이고 있는 것이다. 이제 이런 마음이 생기면 다른 사람이 고통스러워하는 상황을 보고도 그저 발을 동동 구르며 걱정만 하는 것이 아니라 어떻게 대처해서 그들을 고통에서 헤어 나올 수 있게 해줄 수 있는지도 알게 된다.

이것이 바로 모든 생명은 독립적으로 변함없이 영원히 존재한다고 믿는 잘못된 인식을 깨뜨리고 모든 존재가 다 공하다는 사실을 깨닫는 길이다. 윤회의 원인과 번뇌, 고통의 원인을 이해한다면 그 원인들을 없앨 수 있는 방법도 찾아내게 된다. 모든 고통들은 스스로의 마음에서 비롯된다는 사실을 알기 때문이다. 항상 모든 고통이 마음의 잘못으로 인해 생긴다는 것을 깨닫기는 쉽지 않지만, 어느 정도는 확신할 수 있게 된다.

이제 모든 생명과 존재들에 대해 본래 모습을 이해하지 못하고 항상 변함없이 영원히 존재할 것이라는 잘못된 믿음과 그 잘못된 믿음이 어떤 효과를 발휘하는지를 알게 되면, 아주 작은 단 하나의 잘못으로 어떻게 그렇게 크고 엄청난 문제들이 생기는지도 알 수 있다. 사소한 잘못에서 고통의 바다에 빠져 헤매야 한다는 엄청난 결과가 온다는 사실을 알면, 가슴이 아플 것이다. 그러나 고통의 바다에서 벗어날 수 있는 방법이 있기 때문에 우리 스스로 깊은 자비심을 개발할 수 있다.

이제 공과 자비가 어떻게 조화를 이루는지 알았을 것이다. 불교에서 자비를 바탕으로 모든 것을 부정하는 '공'을 깨닫는 것은 아니다. 공을 깨닫는 것은 자비를 더욱 늘리는 방편이 되고, 모든 존재들이 보다 잘살 수 있게 하려는 마음을 키우는 것이다. 그런 마음을 키우면 존재에 대한 왜곡된 인식을 떠나 그들의 참모습을 볼 수 있기 때문이다. 모든 생명과 모든 현상이 스스로 존재한다는 거짓된 인식에 의해 생기는 고통이 어떤 것인지 알 수 있다. 그리고 그런 마음이 생길 때 그들 모두는 당신과 아주 가까운 존재가 되고, 깊숙한 곳에서부터 그들을 구하고자 하는 마음이 일어난다. 이처럼 사랑과 자비는 모든 생명과 존재에 대한 바른 인식을 토대로 이뤄진다. 다른 사람의 즐거움을 과장하는 데서 생기는 일반적이고 제한적인 사랑은 쉽게 사라지거나 곧 무관심하게 되거나 어떤 경우에는 그들의 즐거움에 거의 반사적으로 질투하고 화를 내기도 한다. 진정한 사랑과 자비는 그들의 즐거움을 함께 기뻐하고, 고통을 함께 나누는 것이다.

비록 윤회를 하면서 헤아릴 수 없이 많은 삶을 살아가야 한다고 해도 기꺼이 다른 사람을 돕기 위해 무엇이든지 할 수 있다는 마음을 가져야 한다. 고통에 빠져 있는 생명들을 보면서 그들을 도와야 하겠다는 마음이 언제나 실천으로 옮겨지는 것은 아니다. 변함없는 자비심을 바탕으로 그에게 즉시 도움을 주는 것이 나은지, 아니면 그를 조용히 홀로 있게 두는 편이 나은지, 아니면 그 사람에게 밖으로 나가 달라고 요구하는 것이 나은지에 관해 현명한 판단을 해야 한다. '바로 옆에서 고통을 받고 있는 사람을 위해 지금 즉시 어떤 일을 한다면 상황은 악화될지도 모른다.'고 생각할 수도 있다. 그러나 그의 고통에 대해 묵묵히 기다린다고 해서, 그 사람을 당신과 아주 가까운 사람의 범위에서 빼놓는 것을 의미하지는 않는다.

가장 좋지 않은 것은 어떤 사람을 생명을 지닌 존재들의 범주에서 제외시키는 것이다. 아주 가깝고 좋아하는 사람들의 범위에서 누군가를 빼놓는 것이 가장 큰 문제를 일으킨다. 켄서 렉덴은 "당신은 아이와 같다. 모든 생명은 당신에게 지극히 친절했고 돌봐 주었다. 지금 생에서 나의 부모님이 나를 돌보지 않았다면 나는 말을 할 수 없었을 것이고, 공부도 할 수 없었으며, 조금의 진전도 이루지 못했을 것이다. 그러므로 나는 아이와 같다. 모든 생명은 늙게 마련이고, 그들이 늙었을 때, 당신의 부모님이 당신을 돌본 것처럼 그들을 돌보지 않는다면, 누가 그들을 돌볼 것인가?"라고 역설했다. 당신은 그들의 자녀로서 모든 생명에 대해 친밀감을 느낀다. 우리는 그들 각자를 위한 책임을 지고 있다. 자기 중심적인 마음으로 행동해서는 안 된다.

지혜와 자비는 동시에 작용한다. 다른 사람을 가엾게 여기는 마음과 그를 고통에서 건져내고야 말겠다는 마음은, 모든 생명과 존재가 지닌 참모습을 깨달을 때 생긴다. 그리고 모든 생명과 현상의 본래 모습을 아는 지혜는 자기 자신과 다른 사람들에게 진정한 사랑을 베풀게 한다. 이 두 가지는 결국 균형을 이루며 하나이고, 서로 떼어놓고 생각할 수 없다. 다른 사람에게 베푸는 자비가 행복을 가져온다.

■ 참고 문헌

Kindness, Clarity, and Insight.(달라이 라마 지음, 제프리 홉킨스 편역, Snow Lion출판사, 1984.)

The Meaning of Life.(달라이 라마 지음, 제프리 홉킨스 편역, Wisdom출판사, 2000.)

Meditations of a Tibetan Tantric Abbot.(켄서 렉덴 지음, 제프리 홉킨스 편역, Snow Lion출판사. 2001.)

Buddhist Advice for Living and Liberation.(제프리 홉킨스, Snow Lion 출판사, 1998.) : 보행왕정론(용수보살 지음)

A Guide to the Bodhisattva Way of Life.(산티데바 지음, 베스나 월레스 옮김, Snow Lion출판사, 1997.)

티베트는 참으로 묘한 나라이다. 중국 식민지로 대다수 국민들이 고통을 받고 있다. 그런데도 많은 사람들이 가장 동경하는 나라 가운데 하나이다. 현자(賢者)들이 사는 이상향인 샹그릴라로 누구나 가보고 싶어 한다. 티베트를 상징하는 포탈라 궁이나 설산은 부처님 가르침을 받아들이고 수행하는 이들뿐만 아니라 지친 영혼을 가진 이들이라면 누구나 상처 받은 마음을 정화하는 성지로 손꼽고 있다. 티베트를 이끌고 있는 달라이 라마도 그렇다. 인도 다람살라에서 티베트 망명정부를 이끌고 있는 그 역시 성하(聖下)라는 극찬을 받으며, 전 세계 지성들의 찬탄을 받고 있다. 참으로 이해하기 어려운 현상이다.

그러나 이런 현상은 티베트 사람들이 생활하는 모습을 잠시라도 지켜봤다면 그리 어렵지 않게 이해할 수 있다. 티베트 사람들은 생명에 대한 외경(畏敬)을 본래 지니고 있는 사람들로 보인다. 그들은 언제 어디에서든 어떤 일을 하는 사람이든, 누구이든 늘 평화롭기를 바란다는 인사(따시델렉)를 한다. 아침 저녁으로 집이든 사원이든 장소에 관계없이 예경을 드리고, '옴 마니 반메 훔' 진언이 담긴 보륜을 돌린다. 이것이 가장 중요한 일과이다. 이처럼 부처님 가르침은 세계에서 가장 척박한 지역, 가장 고된 삶을 살고 가장 호전적인 민족이었던 티베트 사람들을 가장 평온하고 성스러운 생활을 하는 사람들로 바꿔 놓았다.

《자비 명상》은 바로 티베트 사람들의 수행법을 담은 책이다. 오랜 세월 달라이 라마의 분신처럼 생활하고 티베트 스승들과 수행해 온 제프리 홉킨스가 전하는 생생한 수행 지침서이다. 이 책이 담고 있는 내용 가운데 일부라도 실제로 따라해 본다면 자신은 물론 함께 호흡하는 생명들에 대한 외경심과 자비를 체험할 수 있을 것이다.

귀한 내용을 함께 할 수 있게 해 준 모든 인연에 깊이 감사드린다.

2007년 봄

김충현 합장

자비 명상

초판 1쇄 발행 / 2007년 2월 12일

지은이 / 제프리 홉킨스(Jeffrey Hopkins)
옮긴이 / 김충현
펴낸이 / 김병무
펴낸곳 / 불교시대사

출판등록일 / 1991년 3월 20일, 제1-1188호
(우)110-718 서울 종로구 관훈동 197-28 백상빌딩 13층 4호
전화 / (02)730-2500, 725-2800
팩스 / (02)723-5961
홈페이지 / www.buddhistbook.co.kr

ISBN 978-89-8002-099-7 03220